たくき よしみつ

医者には絶対書けない幸せな死に方

講談社+α《プラスアルファ》新書

はじめに

いきなりですが、あなたは、自分が死ぬ、あるいは家族が死ぬ場面をリアルに思い描けるでしょうか。

家の中で、蒲団に横たわり、家族に看取られて死ぬ……というイメージでしょうか。

そういうシーンをドラマや映画ではよく見ますが、そんな風に死ねる人は、現代ではほとんどいません。

自宅で死ぬ人が減った結果、「死」を生で見たことのないまま歳を取る人が増えました。誰もが確実に迎えることなのに、死は、どこか「他人ごと」のままなのです。

死が避けられない以上、幸せに死にたいものですが、幸せな死に方とはどういう死に方でしょうか。ほとんどの人は「苦しまず」「穏やかに」「ポックリと」という希望を持っていると思います。しかし、運任せにしてうまく死ねる人はほとんどいないのです。

日本人のおよそ8割は病院で死にますが、病院ではまず「安らかに」は死ねません。

なまじ延命治療技術が発達してしまったため、病院のベッドに何ヵ月も縛り付けられたまま拷問のような状態で死を迎える人がたくさんいます。

実際、私の母はそういう死に方でした。

脳細胞が壊れ、もう回復の見込みはまったくないのに、意識はあり、栄養経管をつけられ、唯一動かせる左手は縛り付けられたまま、無表情に私を見つめる姿を忘れることができません。そうなったら最後、本人はもちろん、家族にも何もできないのです。

日本が世界でも稀に見る超長寿・超高齢国家になった今、「死に方」「死に場所」「死に時」を間違えることほど恐ろしいことはありません。

最悪の死に方を避けるには「具体的に」どうすればいいのでしょうか。その「技術」について、様々な方向から考えてみました。

死は誰もが免除されることがない必修科目でありながら、勉強法や技術をしっかり教えてくれる教師がいません。また、看取ってくれる家族や医師、介護スタッフなどとの「共同作業」でもあります。一人だけで片付けられる宿題ではないのです。

さらには多くの場合、自分がその時を迎える前に、親を「幸せに死なせる」技術として予習しなければならなくなります。そこで学んだことを、自分を見送ることになる子供などに引き継がせることも必要ですし、**親の介護で金も時間も使い果たし、自分の番になったら幸せに死ぬための資産が残っていなかったという事態も恐怖です。**

本書はそうした視点からも書いています。

「死に方」についての本は医療関係者や宗教関係者によって書かれることが多いのですが、私はそのどちらでもありません。しかし、医療や宗教の現場とは無関係だからこそ、体裁を繕わず、本音で、踏み込んで、あるいは一線を「踏み越えて」書けることがあります。

医師や病院とうまくつき合う技術、癌や不治の病を宣告されたときの心得、認知症を乗り越える技術、老後を乗り切るための経済学、介護保険や介護施設の基礎知識と裏事情、「死に場所」の見つけ方、最後は積極的安楽死についても、逃げずに「具体的に」考察してみました。

知らなかった！　そんなことになっているのか！　と驚くようなことがいくつも出てくると思います。問題点を列挙するだけで終わらず、厳しい状況の中でどうしたら最良の解が得られるかを、徹底的に追求し、現実的な提言もしたつもりです。

国の財政状態や人口構成から考えても、今後、医療や介護の現場、システムは変わらざるをえません。日本人の「死に方」や死への心構えも徐々に変わっていくでしょう。しかし、これから先、世の中がどうなろうとも、乗り切って「うまく死ぬための技術」は必要です。

頭のはっきりしている今のうちに「幸せに死ぬ技術」を学んだ上で、残りの人生を精一杯ポジティブに生きていこうではありませんか。

何もしなければひどい死に方が待っているのですから。

◉目　次

第3章　癌で死ぬという解

第4章　本当にアルツハイマーなのか?

第5章　認知症の親と向き合う

第8章　死に場所としての施設を見つける技術

第9章　「ここで死んでもいいですか？」

第1章　死に方の理想と現実

現代では病院で死ぬ人が多いため、死が見えにくくなっています。

最初に、現代の日本人がどんな「死に方」をしているか、現実を把握しておきましょう。

また、私が今まで実際に見てきたいくつかの死についても書いてみます。

自力で生きられない期間が10年

日本は世界有数の長寿国ですが、この「長寿」は、健康に生きられる時間ということではありません。

ＷＨＯ（世界保健機関）は２０００年に「健康寿命（Health expectancy, Healthy life expectancy)」という指標を発表しました。健康寿命とは「医療や介護に依存せず、自力で生活ができる期間」という意味です。

病院や介護施設に入ったまま歳を取る、あるいは自宅にいても日常的に家族や介護士などの援助を受けないと質の高い生活が維持できない状態は「健康寿命」を終えています。

日本人の平均寿命は男性が80・８０歳、女性が87・１４歳（厚生労働省「平成28年簡易生命表」）ですが、健康寿命となると、男性71・１９歳、女性74・２１歳（厚労省「健康日本21（第二次）」分析評価事業より）となり、死ぬ前に男性で約10年、女性は12年以上は医療や介護のお世話になっています。

この「他人のお世話にならないと生きていけない10年」をどうとらえるかが、死に方・死に時を考える出発点です。他人にオムツを替えてもらったり、風呂に入れてもらったりする10年。認知症になり、家族や他人から「ボケ老人だから仕方がない」と思われながら生きる

10年。あるいは、ベッドに縛り付けられて「もうやめてくれ」「死なせてくれ」という意思表示もできない地獄の10年かもしれません。

健康寿命の男性71歳、女性74歳というのは、1970年代前半くらいの平均寿命に相当します。当時はまだ「健康寿命」という考え方も一般的ではありませんでしたが、それは自力で生活できなくなる時期と死ぬ時期がそれほど離れていなかったからでしょう。自力で歩けなくなる、食べられなくなる、極度に惚《ぼ》けてしまう頃に死ぬ人が多かったわけです。

認知症老人や寝たきり老人の話題が出ると「そんなになるまで長生きしたくないなあ」「頑張ってピンピンコロリをめざしましょう」などと言って話題を終わらせがちです。

死ぬ直前までピンピンしていて、ある日突然、苦しむこともなくコロリと死ぬという意味の「ピンピンコロリ」、略して「ピンコロ」。これを「病院でベッドに縛り付けられ、だらだらと治療を受けることなく死ぬ」と言い換えれば、そういう死に方ができる人はおよそ5％です。しかし、これは自殺や事故死を含めた数字なので、自殺や事故で死ぬ人を除けば、病院に入らずに死ぬ人はさらに少なくなります。

要するに、ほとんどの現代日本人は「終末医療」を受けた後に死にます。

自分はピンコロで死にたいと思っている人は、この現実を真剣に考えたことがあるでしょうか。

老衰ではなかなか死ねない

健康寿命が尽きた後、死ぬまでに10年もの時間があるのは恐怖ですが、多少惚けても、身体が動かなくなっても、優しい家族に介護され、穏やかに家で過ごせる10年であればまだ幸せかもしれません。ピンコロ同様に理想的な死に方として「老衰で穏やかに死ぬ」という希望を持っている人も多いはずです。

歳を取って肉体のあちこちの機能が徐々に低下し、食べる量も減り、寝ている時間が増え、最後は眠るように呼吸と心臓が止まり、医師が「ご臨終です」と告げる……。

これがいわゆる老衰死で、かつてはそういう死に方は普通でしたが、現代人はすでにそうした死に方を忘れている、あるいは知らないまま大人になっているような気がします。

現在、老衰で死ぬ人は全死因の7％弱です（厚労省「平成27年人口動態統計月報年計（概数）の概況」）。しかし、肺炎や心不全で死んだとしても、相当な高齢であれば、医師が死亡診断書に「老衰」と書くケースもありますから、実際にはもっと少ないかもしれません。

老衰死は「自然死」とも呼ばれ、確かに理想的な死に方の一つでしょうが、**自然死をするには、身体が死ぬための準備をすることが必要**だ、と医師たちは言います。

栄養や水分を取らなくなると、意識が朦朧としていき、「脳内麻薬」の異名を持つβエンドルフィンが出て、恍惚状態の中で死を迎えることができます。しかし、自分で食べられない、飲めない状態になっても、病院にいればチューブをつながれ、無理矢理水分や栄養分を補給されてしまうので、なかなか死ねません。

内臓の機能が極度に落ちている状態なのに外から高カロリー輸液をされてしまえば、腸閉塞を起こして腹水が溜まったりして、意味のない苦しみを与えられてしまいます。

ベテランの医師たちはそのことを十分承知していますが、マニュアル通りに処置しないと後から訴えられたりするので、淡々と拷問に近い作業をするのです。

病院で「拷問死」させられる恐怖

日本では病院で死ぬ人が約8割で、自宅で死ねる人は1割強しかいません。

ちなみに、病院で死ぬ割合を国別に見ると、オランダが約35%、スウェーデン約42%、イギリス約54%、米国約56%、フランス約58%など、欧米諸国ではほとんどの国が6割以下です。

日本もかつては自宅で死ぬ人のほうが多く、1950年代は今と逆で、8割の人は自宅で死んでいました。それが、どんどん病院死の比率が高くなり、自宅死と病院死の比率が逆転したのが1976年です。1973年に老人医療費が無料化され、以降「社会的入院」（緊急性や専門性を必要としないで漫然と長期入院状態になること）が問題になりました。

１９７５年に日本初のＣＴ（コンピュータ断層撮影装置、Ｘ線による画像検査）スキャナーが導入され、この頃から高度な医療機器や新しい治療技術、医薬品が続々と登場します。それに呼応するかのように国民の「何かあったらすぐに病院」という「病院信仰」が一気に高まりました。こう見ていくと、平均寿命と健康寿命の乖離《かいり》は、自宅死と病院死の比率逆転現象と密接な関係があることがわかります。

病院で死ぬというのは、他人に囲まれ、自由のきかない環境で死ぬということです。テレビドラマや映画では、個室病室で恋人や親と死に別れるシーンが感動的に描かれることが多いですが、都会の病院で個室に入るには2万～3万円／日の差額ベッド代を覚悟しなければなりませんし、空いていないことが多いので、ほとんどの人は死ぬ直前まで多床室（相部屋）に入れられています。今では多くの病院で、一般病室も認知症老人などであふれていますから、すぐ隣にひと晩中呻《うめ》き声を上げる患者がいるかもしれません。

そこであなたは、鼻からチューブを突っ込まれ、それを取り除こうともがくとベッドに拘束ベルトで固定され、指を使えないように手にはミトンをつけられているかもしれません。

最後の時を病院で迎えることの怖さは、本来「老衰」で自然死できたはずの人が、楽には死なせてもらえず「拷問」を受ける怖さだといえます。

癌より怖い脳卒中

「病院での拷問死」の原因になりやすいのが、脳梗塞、脳血栓、脳出血などの脳血管障害です。脳血管障害の中でも、急激に意識障害などを起こすものを脳卒中と呼びますが、脳卒中で脳細胞の一部が死ぬと、身体が動かせなくなって寝たきりになるだけでなく、自分の意思を表明できなくなります。そうなるとどんなに苦痛な状況に置かれても、そこから解放してくれと伝えることもできず、運命は医師や近親者に委ねられてしまいます。

医師であれば、自分の死が近づいたと知ったときには、信頼できる同僚の医師に、苦しまないようにうまく処置してくれと頼むこともできるでしょうが、いきなり脳卒中で倒れれば、理性が働かなくなり、それも不可能になります。

脳卒中で倒れることの怖さを医師たちはあまり口にしません。医療現場の不都合な現実が浮かび上がるので、そこで働く自分たちにとっても都合が悪いと感じるからでしょうか。

60代で癌が見つかり、「まだ若かったのに」と惜しまれながら死ぬのと、80代、90代まで生きたものの、最後はベッドに縛り付けられ、脳もまともに働かず、ただただ「死にたいのに死なせてもらえなかった」という人生とどちらが幸せでしょうか。私は迷わず前者を選びたいと思います。

母の最期——病院で死ねずに4ヵ月

脳卒中で倒れ、病院に担ぎ込まれることほど恐ろしいことはないと身をもって教えてくれたのは母でした。

私の母は人形作家で、倒れる直前まで、漠然と自分は90歳くらいまでは元気に生きられると思っていたようです。88歳で米寿記念展覧会を開くのが目標だとも言っていました。

その母は80歳のときに脳卒中で倒れ、病院に担ぎ込まれて4ヵ月後に亡くなりましたが、倒れる前、急速に認知症の症状が進みました。

私は当時、福島県川内村という過疎の山村に住んでいて、父母が住む神奈川県川崎市とは遠く離れていましたが、母から頻繁に意味不明の電話がかかってくるようになりました。言っていることもおかしいのですが、何よりも声のトーンが変です。これはまずいと、すぐに実家に行き、二階の寝室から出ようとしない母親をなかば強引に病院に連れて行き、MRI（磁気共鳴断層撮影装置）検査の予約を取りました。

MRI検査の日、検査室に母を送り込み、父と二人で終わるのを待っていると、予定よりずっと早く母が出てきました。検査技師の話では、なんと検査室の中で「絶対に嫌だ」「気分が悪い」「帰る」と主張し続け、台の上にのせても動き回るので、検査はできなかったというのです。

「なぜ言うことを聞いてくれないんだ。脳梗塞を起こしているらしいことは素人の僕にもわかる。このままだとある日突然倒れ、その後は身体が動かなくなって、病院のベッドに縛り付けられる地獄のような日々が待っているんだよ」

と説得しましたが、母は「なぜそう思うの？」と、取り合いません。

失意と怒りを抱えて川内村に戻った2日後、父からケータイに電話が入りました。

「ママさんがトイレで倒れてしまったんだけれど、どうしよう」

「どうしようって、救急車は呼んだんだろ？」

「いや……呼んだほうがいいかな」

何を言っているんだと叱りつけ、救急車を呼ばせ、すぐに私も駆けつけました。

ＩＣＵ（集中治療室）に担ぎ込まれた母は緊急処置を受け、命はとりとめましたが、半身不随で口もきけなくなりました。

私のことはわかるようで、虚ろな目で見ますが、終始無表情で口はききません。話しかけても反応が返ってこないので、こちらの言うことがわかっているのかどうか判別できません。医師の説明では、脳細胞が相当壊れてしまっているので症状が改善することはないとのことでした。

いちばん恐れていた事態になってしまったのです。

結局、母と言葉を交わすことは二度とありませんでした。数日で命が尽きるだろうと願っていたのですが、3ヵ月経っても死ねず、病院からはこれ以上入院させておくわけにはいかないから次の収容先を探してくれと宣告されました。

首都圏で終末期の患者を受け入れる施設など簡単に見つかるはずもなく、ようやく受け入れてくれた遠方の病院で、倒れてから4ヵ月後、全身黒ずんで水ぶくれのようになりながら、ようやく息を引き取りました。

死ぬまで知性を働かせることの難しさ

母は聖路加女子専門学校（現・聖路加国際大学）という4年制の看護学校を卒業し、看護師、養護教諭の免許を取得しましたが、同校の学生であった戦時中は、経営母体である聖路加国際病院に動員され、米軍の空襲による負傷者の看護をしていました。

空襲は日々激化し、病室に入りきらずにあふれた負傷者たちは廊下に寝かされていました。

夜中に痛い痛いと呻《うめ》く人たちに与える鎮痛剤も足りず、病院ではただの砂糖水を用意して、まずはそれを「痛み止めです。楽になりますよ」と言って与えたそうです。

プラシーボ効果によって、砂糖水だけでも「ありがとう。楽になりました」と静かになる人がかなりいたそうです。それでも呻き続ける人には、本物の鎮痛剤を与えたとのこと。

当時の母の恩師が有名な日野原重明氏（２０１７年７月に満１０５歳で没）です。

母は日野原氏を尊敬していて、氏が毎日牛乳を飲んでいると聞くと、自分もせっせと牛乳を飲むようになりました。

他にもチョコレートやココアがいいと聞きかじると、仕事机(人形制作の作業台)の上にチョコレートを山積みして口寂しくなると食べたり、何をやるにも極端なところがありました。

私は何度も「そんなことをしていたらポリフェノールが身体にいいとかいう前に高脂血症や糖尿病になって早死にするからやめなさい」と注意しましたが、聞く耳を持ちません。肥満体、運動不足で、最後は糖尿病も併発していましたから、脳梗塞になるのも当然でした。

それなのになぜか同い年の父より自分のほうが長く生きると確信していました。父は標準体型で、毎日街歩きをするのが趣味でしたから、私が「普通に考えれば親父のほうが長生きするでしょ」と言っても「なぜそう思うの？」と真顔で反論します。倒れる直前まで、自信家で、自分本位な人でした。

そんな母も、元気なときに何度か「もしも病気になってもう助からないという状況になったら、不必要に苦しまずに死ねるようにお医者さんに言ってね。楽に死なせる方法をお医者さんは知っているんだから、お願いしてね」と言っていました。いざとなったら延命措置で苦しむよりは安楽死したいということは頭で理解していたわけです。もしかすると、看護師時代に安楽死処置をした医師を間近に見て知っていたのかもしれません。

しかし、今の日本では、薬を使って死期を早めるなどの積極的安楽死処置は殺人罪になりますから、医師に頼んだところでやってもらえるはずはありません。

また、母は自分の脳細胞が徐々に死んでいき、理性や判断力が落ちていくことも計算に入れていませんでした。まだまだ大丈夫だと思っているうちに症状は進み、ある日一気に破綻が訪れたのです。

「そうなったら遅いんだよ。地獄の日々が待っているんだよ」と私が捨て台詞のように言った2日後に、実際にそうなってしまったわけです。

今は初期の脳梗塞であれば、血栓溶解剤の点滴などで驚くほど回復する例も増えていますから、これは怪しいと気づいた段階でいち早く対処できていたら、徐々に回復していったかもしれません。そう思うと、残念でなりません。

家族に少しでも脳梗塞が疑われる症状が見られた場合は、何がなんでも病院に連れて行き、破滅が来る前に対応してください。

家族を病院から取り戻せるか

自然死というのは一種の餓死であるといいます。

老衰や病気で身体の機能が落ちてくると、人は自然とものを食べたくなくなり、健康な人間の食べたくても食べられないという苦しさは伴わずに、枯れるように死んでいけるので、理想的な死に方の一つでしょう。しかし、病院ではそうはさせてくれません。

母は倒れてからは食物を口から普通に食べられなくなりましたが、経管栄養だけで生きていました。肥満体だったので、なかなか脂肪を消費しきれなかったのも悲劇でした。

時間と共に身体全体がむくんでいき、腹水が溜まり、皮膚は黒ずみ、床ずれも起きます。動くほうの左手で点滴チューブを外そうとするため、左手は結束帯でベッドに縛り付けられ、指を使えないようにミトンもされていました。

医師には母が元気だったときの言葉も伝え、点滴を外せないかと何度か交渉しましたが、「現代医療で栄養点滴を外すなんてことはありえません！」とキッパリはねつけられました。「この状態になると、本人は朦朧として苦しくないはずです」という説明も受けましたが、見ている限りとてもそうは思えません。不快そうな仕草をしますし、痰が溜まってむせ、苦しそうな表情も浮かべます。

一度、誰もいなくなった病室で、ベッドの母に語りかけました。

「ごめんね。こうなると家族でも手が出せないんだよ。せめて個室にでも移してあげたいけれど、パパさん、お金ないんだって」

そのとき、終始無表情だった母が「パパさん、お金ないんだって」という私の言葉に反応して、一瞬ニヤッと笑ったのです。

ゾッとしました。

こんなに無表情になって、意思表示できなくなっても、どうやらこちらの言葉はある程度理解できているらしいとわかったからです。

であれば、苦しい、辛い、怖いといった感情もあるのではないか。それを訴えられないだけで、ずっと苦しみ続けているのではないか……。

そう想像すると、あまりの恐怖でそこから逃げ出したくなりました。

父には、母を強引にでも病院から家に戻して、その後、家で楽に死なせてあげられないかと相談もしましたが、そんなことはできないと断られました。どうも、父には、今の母がどれだけ苦しい状態か理解できていないようでした。

結局、最後まで私には何もできませんでした。この事態に正面から挑むだけの勇気と知恵がなかったのです。

しかし、これが母ではなく妻だったら、私は何がなんでも家に連れ戻し、穏やかに死ねるように行動したと思います。

母がついに息絶えたときは、正直ホッとしました。

そして、こんなことは二度と経験したくないと、強く心に誓ったのです。

伯母の見事なまでのきれいな死

母が亡くなる6年前に、父方の伯母（父の姉）が77歳で亡くなりました。

伯母は生涯独身で、長いこと市営アパートに母娘二人で同居していて、母親が亡くなってからはずっと一人暮らしでした。

小さな会社の経理事務をしていて、退職後はわずかな年金暮らし。預金には手をつけなかったようで、たまに私と話をするときは「葬式代くらいは貯めてあるから」「よしみつさんにも少しは残しておけるから」などと言っていました。私はその話が出るたびに、「生きているうちにお金は自分のために使ってくださいよ。旅行に行くとか、おいしいものを食べるとか……」と諭したのですが、伯母の慎ましい生活は死ぬまで変わりませんでした。

伯母はいわゆる孤独死で、部屋で一人死んでいるのを発見されました。

真夏なのにエアコンもつけずに部屋の窓を閉め切り、胃には何も残っておらず、熱中症で倒れたまま餓死したのだろうと診断されました。

幸い腐敗は進んでおらず、遺体の搬出も楽で、部屋の特殊清掃なども必要ありませんでした。近所に住む遠縁の親戚が、日頃から伯母のことを気にかけ、定期的に様子を見に来てくれていたので助かりました。

伯母が息絶えたと推定される数日前、伯母は父と母を呼び寄せ、自分の預金口座のメモなどを渡していました。部屋はきれいに片付いており、ほとんど空っぽの状態でした。

私は、伯母の死は一種の自殺だろうと思っています。

墓に納骨するときに気がついたのですが、伯母が亡くなった77歳というのは、ずっと同居していた彼女の母親が亡くなった年齢と同じでした。

伯母は亡くなる前、特に病気を抱えていたということはありません。しかし、この先一人で暮らしていけないほど身体が弱ったとき、親族や隣人たちに迷惑をかけたくないと思ったのでしょう。母親が亡くなった歳に自分がなって、このへんで終わりにしようと決意し、自分で自分を「自然死」させたのです。

部屋を片付け、弟夫婦を呼んで預金のメモを渡し、少しずつ食事を減らして身体を枯れた状態にして、真夏に窓を閉め切り、部屋に横たわった……。

自殺とは判断できないように遺書などは残さない。親族だけでなく、警察にも医者にも、最小限度の手間しか取らせない。実に見事な死に方です。自分の意志で誰にも看取られずに

「自然死」するなんて、なかなかできることではありません。

伯母は趣味もなく、自己主張もせず、控えめで目立たない人でしたが、最後の死に方だけは強烈なメッセージとして私の心に残りました。

永井明さんの潔い旅立ち

私が「人生の恩人」と思っている人は何人かいますが、なぜかみんな60歳前後に癌で亡くなっています。中でも永井明さんの「死に方」は見事で、強烈な印象を残しました。

永井さんは『ぼくが医者をやめた理由』（平凡社、1988年）で知られる人気作家ですが、私の小説『雨の降る星』（集英社文庫、1992年）の巻末解説を書いてくださったのがきっかけで、その後、永井事務所の忘年会に招待していただいたり、飲みに誘っていただいたりという交友がありました。

私がいつまでも売れないことを気にかけて、さりげなく編集者を紹介してくださったりもしました。朝日新聞社の穴吹史士《ふみお》さん（後述）につないでくださったのも永井さんです。

永井さんが亡くなったのは2004年7月7日ですが、病院ではなく自宅兼事務所で息を引き取りました。しかし、急死ではありません。その前から肝臓に癌が見つかり、覚悟の上での自宅死でした。

医師である永井さんは自分の癌がもう治療不能だと知ると、家族や信頼できる医師仲間に「倒れても絶対に病院には運ばないでくれ」と頼み、実際にそれをやりとげました。

自宅で倒れてから息を引き取るまでには数日の時間がありましたが、その間はときどき仲間の医師が来て終末措置を手伝うという形でした。その内容は詳しくは明かされませんでしたが、とにかく「苦しませない」という措置だったのでしょう。

奇しくも永井さんが亡くなった2004年7月に刊行された『適応上手』（角川ｏｎｅテーマ21）では、死についてこんな風に書いています。

死に際の立派さにこだわる人も少なくないが、そんな必要はない。余計なことですらあると思っている。死、それ自体に価値の上下なんかない。そんなところに何かの価値を見出そうとするのは、人間の過信、傲慢《ごうまん》さの表れなのではなかろうか。

（略）死にまつわる属性に関してはいくつか思うことはある。積極的に死にたいと願っているわけでもない。ただ、生理的に「人は誰でもいつかは死んでしまう」ことを素直に受け入れているのである。

悟っているわけでも、もちろんない。世俗欲は両手からこぼれ落ちるほどもっているし、日々煩悩《ぼんのう》に悩まされてもいる。だが、こと死に関しては、「しゃーないな」と思っているのである。

また、永井さんは亡くなる直前の５月17日にインターネット関連企業のインタビューを受けていて、自分は男３人兄弟の三男だが、すぐ上の次兄が48歳のときに肝硬変で亡くなり、同じ誕生日で一回り年上の寺山修司も48歳直前に亡くなっていて、周囲で他にも48歳前後で亡くなっている人が多いので、とりあえずは48歳はクリアしたいという気持ちで生きてきた、というようなことを語っています。

このとき永井さんは56歳。48歳をクリアしてからは気が抜けてしまい、今までのペースで仕事をしてもこの先いいことはなさそうだと思い、オーストラリアに短期移住したり、船医として船に乗って毎日好きな海を眺めたりといった生活に切り替えた、とも語っています。

「後は南氷洋に行けば世界の７つの海を制覇できる」という永井さんに、インタビュアーが「夢の実現はもうすぐですね」と応じると、「肝臓がやられていなければね」と笑ってこたえています（「TONTON club」http://www.tontonclub.com/connect/life/07/）。

この半年前の２００３年12月末、私は永井さんに「どこかで飲みましょう」と誘われて、新宿二丁目の店にご一緒しています。今思えば、ご自分の命がもう長くないことを悟っていて、死ぬ前に一度……と、誘ってくださったのでしょう。

永井さんの死は、朝日新聞社の穴吹さんからメールで知らされました。あまりに突然のことで、最初は誰か同姓同名の人のことかと思ったほどです。

翌日、37度というとんでもない猛暑の中、東京・落合の火葬場に出かけました。

永井さんは家族に「葬儀などは一切執り行わないこと」と言い渡していて、身内だけの葬儀さえありませんでした。

火葬場に着いても「永井家」という表示板や張り紙もないですし、参列者の記帳テーブルもありません。いくつかの火葬炉の前に集まっている人たちの中から知っている顔を探していたら、穴吹さんが私を見つけて「たくきさん、こっちこっち」と手招きしました。

火葬炉の前には最後のお別れをするために数十人の人たちが集まっていましたが、みな前日にメールや電話で知らされた人でしょう。とても静かなお見送りでした。

後日、有志によって「お別れの会」が開かれましたが、そこで、遺骨は海に散骨されたということも知らされました。

これは、伯母の死と並んで、私が知っている見事な死に方の最上位です。

穴吹史士さんの残された人を思いやる心

永井さんを一緒に見送った穴吹史士さんは、野村秋介事件（1993年10月20日、右翼活動家の野村秋介が「週刊朝日」連載中のパロディページの内容に抗議して朝日新聞社に乗り込み、拳銃自殺を遂げた事件）当時の「週刊朝日」編集長でした。事件後、編集長を辞め、その後もいろいろあって、私と知り合ったときは朝日新聞be（土曜日曜版）編集部所属の役職なし一編集者でした。

穴吹さんは朝日新聞の電子版の立ち上げ時にも暗躍、否、活躍して、電子版だけのコラムコーナー「ＡＩＣ（Asahi Internet Caster）」の編集長も兼務していました。

しかしこれは予算もなく、穴吹さんが親しい人たちに声をかけて筆者を集め、ほとんど一人で勝手にやっていた梁山泊のようなものでした。どんなに長いものを書いても原稿料は２０００円。朝日新聞ＯＢはノーギャラ。

その執筆陣に私も加えてもらい、ＡＩＣが終了になるまで書き続けていました。

穴吹さんは一度癌の大手術から復帰して、しばらくはよかったのですが、２００６年11月に肝臓に新たに癌が見つかり、その後、手術や抗癌剤治療を繰り返し、10年３月に63歳で亡くなりました。

死の直前、２月17日の夜９時32分に、穴吹さんは私のケータイに電話をかけています。その日、親しい人たちに次々に電話をかけて、最後のお別れをしたのです。電話を受けたＡＩＣの執筆者仲間は「何も言えなかった」と振り返っています。

ところが、私はその電話を受けることができませんでした。私のケータイ電話番号は０８

0から始まるのですが、穴吹さんはそれを間違えて090と登録していたのです。

そのことを、私は後にAICの執筆者仲間（先輩）である2人と一緒に穴吹家の弔問をしたとき、奥様から知らされました。「たくきさんには電話をかけているんですよ」と、ケータイの発信履歴を見せてくださいました。

穴吹さんを紹介してくださったのは永井明さんでしたが、一切の治療・入院を拒否した永井さんとは違って、穴吹さんは最後まで手術や抗癌剤など、苦しい闘病を続けた挙げ句の死でした。

本人の遺言で葬儀は行われず、遺影の前には愛用のカメラが置かれていました。

「位牌の代わりに愛用のカメラを置いてくれ。ペンタプリズムのところが△に尖っていて位牌みたいだろ」と言っていたとか。

そのとき私たち3人は、奥様の手料理においしいお酒までたっぷりごちそうになったのですが、それも穴吹さんが亡くなる前に「お客様は必ずお酒と食事でもてなすように」と奥様に言い残したことだったそうです。

死ぬ間際まで、自分のこと以上に周囲の人たちへの心配りを忘れなかった穴吹さんの死に方、いや、生き方にも、私は多くのことを学ばされました。

第2章　医師・病院と正しくつき合う技術

死は周囲の人たちや医師たちとの関係の中で進む「共同作業」であり、自分一人で死に方を決めることは極めて困難です。

中でも医師・病院とのつき合い方は重要な「技術」です。

幸せに死ぬためにはどのように医師・病院とつき合えばいいかを考えてみます。

病院の「90日ルール」

日本では病院で死ぬ人がほとんどですが、入院が必要な患者であっても、同じ病院には3ヵ月以上はいさせてもらえないという、いわゆる「90日ルール」があります。

表向きは「退院して自宅療養や自宅介護できる人まで入院させていると、緊急を要する患者の受け入れができなくなる」というような説明がされますが、それは正確ではありません。実際には**「90日以上入院させていると病院がつぶれる」**からです。

あまり知られていませんが、病院の一般病棟には「看護ランク」が決められていて、そのランクによって「平均在院日数」が定められています。

患者対担当看護職員の数が7対1の病棟だと平均在院日数は19日以内、10対1の病棟では21日以内、13対1だと24日以内、15対1だと60日以内です。つまり、患者1人あたりの看護職員数が多い「手厚く面倒を見てくれる」病棟ほど、いられる日数は短いのです。

入院患者を受け入れると、病院は投薬や検査などの治療にかかる費用・報酬の他に「入院基本料」というものを請求できます。

7対1病棟の場合、入院基本料は1591点（1万5910円）／日で、入院14日目までは、これに450点（4500円）加算されて2万410円。同様に15〜30日目までは1920円加算されて1万7830円、31〜89日目までは加算ゼロで1万5910円です。病院としては入院基本料が下がる前に退院させられる人は退院させて、新たな患者を受け入れたほうがいいわけです。

で、これが90日を超えると、医療業界では通称「まるめ」といわれる「包括支払制度」に移行し、点滴をしようが投薬しようが全部ひとまとめでいくら、という計算にされてしまいます。入院90日を超える患者には治療をすればするほど赤字を抱え込んで病院がつぶれてしまうのですから、病院の経営理念がどうのこうのと言える話ではありません。

また、90日で追い出される以上に怖いのは、むしろ入院初期の病院の対応です。

入院初期、特に最初の2週間は、高額な医療行為をすればするほど診療点数が稼げます。

自宅で療養していた人の容態が悪くなり、病院に運ばれた場合、受け入れた病院では入院ゼロ日からの計算ですから、いくら本人が楽に死にたいと望んでも、運び込まれるなり、エックス線撮影、血液検査、酸素マスク、ステロイドやら抗生剤やら強心剤やらの点滴……と、ありとあらゆる医療行為を施《ほどこ》したほうが儲かります。

担ぎ込まれた本人が、後はもう静かに死にたいと思っても、ただ苦しむだけのような検査や投薬、処置をされてしまいかねません。

こうした「仕組み」を知らずに病院とつき合うのは怖いことです。

「看取り」を巡る医療機関と国の攻防

国が「90日ルール」を強行する理由は、金がかかる病院死を減らしていきたいからです。死亡前1年間にかかる1人あたりの医療費はどんどん膨れあがっており、平均でもざっと300万円弱かかっています（『高齢者の医療の確保に関する法律の解説』土佐和男・編著／法研、2008年、「終末医療費の動向」日本医師会雑誌第113巻第12号、「東京都老人医療センターにおける終末医療費の解析」など）。中には3日で500万円、1週間で1000万円の医療請求などもあります。

これから大量死時代を迎えるというのに、これでは医療保険制度が維持できなくなりますから、国が国民に「病院ではなく、自宅で死んでください」とお願いしたくなるのは無理からぬ話かもしれません。ちなみに、家で死ぬ場合は病院で死ぬ場合の3分の1しか医療費がかからないというデータもあります。

「90日ルール」をはじめとする国の、「病院死を減らす」施策はある程度の効果をあげており、病院死の割合はピーク時2005年の82・4％に対して、16年では73・9％と、下がっています。

これは2000年に登場した介護保険制度によって、特別養護老人ホーム（特養）、グループホーム、有料老人ホームなどが増えてきたことが大きな要因で、これらの施設での死亡率は逆に上昇しています。つまり、病院で死ぬ割合が減った分は自宅死に移行したのではなく、介護施設に移されたといえます。

しかし、特養などの介護施設も、入所者が施設内で死ぬことは望みません。死にそうになると、「ここでは医療行為ができないので」と、病院に送り込みます。

病院は病院で、治療をしても回復が望めない患者を受け入れ、死ぬまで入院させておくのは嫌がります。長引けば「90日ルール」によって経営が脅かされるからです。

そこで厚労省は、特養やグループホームなどの居住型介護施設で入居者が亡くなった場合、介護報酬に「看取りポイント」ともいえる加算点をつけられるようにして、2012年にはこの適用を有料老人ホームにも広げました。「施設内で死にそうになった老人を病院に送り込まないでくれ。なんとかそこで看取ってくれ」という意向が読み取れます。

しかし、現状ではまだまだ「看取り」に対して積極的に向き合っている介護施設は多くありません（第9章で詳述）。

「投薬センス」のある医者を選べ

入院は怖いけれど、普段から健康状態をチェックしてくれるかかりつけの町医者（一般の診療所・個人病院）とは仲よくしていたい、という人はたくさんいます。これは間違っていません。「かかりつけの医者」は絶対にいたほうがいいです。しかし、医者ができることは限られています。

医者ができることは大きく分けて3つです。

①検査と診断　②投薬　③施術（手術を含む治療）

このすべてにおいて「優れたセンス」を持っている医者が「よい医者」です。

例えば、認知症患者に対して医者ができることは、どういうタイプの認知症なのか（あるいは認知症ではなく、単なる老化による健忘症や精神障害などか）を診断し、投薬することだけです。

このとき、患者の様子を深く観察せず、脳のＭＲＩ画像を見て一部が縮小していることを理由に「アルツハイマー型認知症です」と診断し、アリセプトという薬を標準処方する医師が少なくありません。しかし、それによって症状が悪化する例もあるのです（これについては第4章で詳述）。

認知症に限らず、高血圧や高脂血症など、高齢者が経験することの多い生活習慣病の多くは、医師の「投薬センス」で治療結果が大きく変わってきます。

「患者さん一人ひとりの気持ちに寄りそうことを心がけています」「あなたの町のホームドクター」などというスローガンを掲げ、実際、患者からも人気の高い医者はけっこういます。しかしそういう医者の中には、患者、特に高齢者に気に入られる会話術に長けていて、薬もバンバン処方するタイプの医者もいます。それが病院経営を安定させる道だからです。

笑顔を見せてくれるだけで患者はホッとしますから、その点ではよいのですが、薬漬けにされて、かえって健康寿命を縮めることもあります。

また、「人気のある町医者」が患者を最後まで看取ってくれるとは限りません。いざ最後の時となると自分で看取るのを避けて「ここから先は専門治療ができる大きな病院でないと無理です」と言って、患者を大病院に送り込むことがほとんどです。

ドライで笑わなくても、患者の身体だけでなく心理までしっかり見抜き、現状で最善のやり方を考え、スパッと決断を下せる医者のほうがずっとありがたい「よい医者」です。

もちろん、手術を任せる場合は特に、多少無愛想でも技術のある医師に執刀してもらったほうが、その逆よりいいにきまっています。

最後まで病院に頼る人

一般に、年老いてくると死への恐怖は薄らぐものですが、死ぬ直前まで死を恐れ続ける人もいます。死を恐れるタイプの人は、最後まで医者に頼ろうとする傾向があります。

また、何もせずに死を迎えることをよしとせず、最後まで現代医学を信じ、どれだけ苦しんでも命を長らえよう、死と戦おうとする人もいます。

自分の周囲を見ると、義父(妻の父親)は死を恐れ、医学に頼ろうとする人でした。

義父は「骨髄異形成症候群」という病気で亡くなりました。簡単にいうと血液を作れなくなる病気で、今のところ有効な治療法はなく、対症療法として輸血するくらいしかありません。義父も最後はひたすら輸血を繰り返していました。

最初は通院しながらの輸血でしたが、やがて動けなくなり、入院したままになりました。有効な治療法がなく、死期を遅らせるためには輸血するしかないというのは、病院にとっては最も受け入れたくない患者でしょう。輸血用血液は慢性的に不足しているので、回復の見込みがない患者に大量消費されてしまうのは困るわけです。

実際、最後の病院ではストレートにそう説明されました。その病院でも入院期間が3ヵ月に迫ってきて、転院を迫られました。かといってこの状態の患者を受け入れる病院は見つからないし、頻繁に輸血しなければ死んでしまうのですから、自宅に戻すわけにもいきません。私はその場に呼ばれ、義母や妻の前で担当の医師(40代くらいの女性)と直接話をしました。

「これ以上輸血を続けていってもよくなることはありません。次第に臓器不全や腹水が溜まっていって、いずれは亡くなります。苦しいだけで、何か新しいこと、意味のあることを成し遂げられるわけではないというこの状態を、ご本人はどう思っているのでしょう」と言う医師に対して、私は「本人は死ぬことを怖がっていて、最後まで治療は続けたいと思っているのです」と説明しました。

患者の病状についてよくわかっている有能な医師であっても、患者が死に対してどのような意識、哲学を持っているかまではなかなか見抜けません。意識して見ないようにしている医師も多いでしょう。ですから、私はこのとき、義父に代わって「自分は死が怖い」「とにかく治療を続けてほしい」という本音を担当医師に伝える役割を果たしたと思っています。

彼女は私の説明を聞いて、最後は「わかりました。今のまま入院していられるようにしましょう。その代わり、これ以上無理な輸血は控えるということでいいですか」と言ってくれました。

輸血しないと死んでしまうけれど、輸血を続けても苦しむし、よくなるわけではない。だったら、輸血を減らす、あるいはやめることも選択肢の一つだと言うその医師を、なんと無神経で無慈悲な医者だと不快に思うかたもいると思います。しかし、私も妻も、そこまで本音を言ってくれたその担当医師にはむしろ好印象を持ちましたし、今でも感謝しています。

あの状況では、ドライに話し合うことがいちばんでした。医療現場、最期を迎える本人、家族のいずれもが「それしかないね」と思える、最大公約数的な解決法を探るしかなかったのですから。

担当医師との話し合いを終えた後、私は義父の病室に戻り、開口一番「お義父さん、もう心配はいりません。ここにいてもいいことになりましたから」と笑顔で告げました。

義父は意味を理解したらしく「ありがとう」と答えました。

義父はそれからまもなく、その病院で息を引き取りました。

かなりの痛みや苦しみがあったようですが、義父には治療をやめて病院から出るという考えは最後までなかったので、それが唯一の解だったと思います。

アクティブＱＯＬとパッシブＱＯＬ

終末期医療や介護においては、ＱＯＬ（quality of life＝生活の質、充実度）という言葉がよく使われます。ＱＯＬは「自分の生存状況についての、満足、生きがいなどの意識を含む全般的主観的幸福度」（『終末期医療Ⅱ』大井玄・著、弘文堂、１９９３年）などと説明されます。

しかし、死をどうとらえるか、感じるかで、ＱＯＬの意味も違ってきます。

自分らしく幸福に生きられなくなったときが「死に時」だと考える人がいる一方で、知性や運動能力が極端に低下しても、自分がこの世界を少しでも知覚できる（景色が見える、音が聞こえる）うちは生きていたいと思う人もいます。

ここで、自分が積極的に関わることで何かを成し遂げていく、生き甲斐を主軸にしたＱＯ

Lを「アクティブ（能動的）QOL」、ただ生きているだけで幸せだというQOLを「パッシブ（受動的）QOL」と名づけてみます。

あなたにとってのQOLはどちらのタイプに近いでしょうか。

アクティブQOL型の人は、自分の能力の低下を嘆きます。

歳を取れば、今まで生き甲斐にしてきたことを失うことは普通に起こります。足腰が弱ってきて好きな山歩きができなくなったとか、職人としての腕が落ちて現役を続けられなくなったとか、いくらでもあるでしょう。それをひとつひとつ「生き甲斐の喪失」として深刻にとらえていたら、それだけでQOLがどんどん落ちてしまいます。

アクティブQOL型の人は、**うまく視点を変える、手段を変えるなどして「生き甲斐をシフトしていく」ことが大切です。**

例えば、若いときのように山歩きができなくなったら、思いきって山のそばに引っ越して、毎日山を眺めながら暮らせないかと考えてみる。山歩きでは見つけられなかったものが見つかるかもしれません。

体力が落ちて現役を退いた後は、自分の経験を若い世代に伝えて後継者を育てることに生き甲斐を見出す道を探ってみる。自分が成し遂げられなかったこと、気がつかなかったことを実現していく人材を生み出す喜びがあるかもしれません。

そんな風に「生き甲斐をシフト」できる人は、うまく歳を取り、いつまでも楽しそうに暮らしています。

一方、「何かを成し遂げる」という積極的な生き甲斐をあまり自覚せず、ただ毎日を平穏に暮らせるだけで十分幸せだと感じられるパッシブＱＯＬもまた、歳を取ると重要です。

今日のお茶はいつもよりおいしい気がするね、夕日が真っ赤ですごいね、軒先にツバメが巣を作ったね、孫が志望校に受かったよ……などなど、身の回りで起きたことを見聞きし、受け入れているだけで幸せを感じられる穏やかな心は、ストレスをためないので、長生きにつながります。

しかし、あれができなくなった、こんなに弱くなったという自虐ギャグを飛ばして気持ちを紛らせているうちはいいのですが、お茶の味がわからなくなり、白内障で視力が落ち、身内に不幸が起き……といったことが重なっていくと、一気にＱＯＬも落ちてしまいます。

私自身は「自分でものを食べられなくなったら死に時」と考えていますが、パッシブＱＯＬ型の人は、元気なうちはそう言っていても、いざそうなると自分では決められず、食べられなくなってもズルズルと胃瘻《いろう》（胃に小さな穴をあけ、外からチューブで直接栄養物を送り込む処置）や栄養輸液に同意して、その後、ベッドに縛り付けられた終末期を過ごすことになるかもしれません。

その頃には判断力も低下していますし、意思表示も難しくなっているでしょうから、不要な苦しみを味わいながら死ぬ確率も高いのではないかと危惧します。

終末期ではQOL重視の医者を選べ

終末期にある患者に対しては、もはや効果的な治療がないという状況が必ず訪れます。よい医者は、患者の全体的なQOLを重視して、どうしたら患者が今より幸せになれるか、苦痛を減らせるかを考えます。**終末期においては「多少死期が早まっても、苦しませず、楽に逝かせる」ことこそ「正しい処置」**だと私は思います。

しかし、終末期医療問題がこれだけ議論されるようになった今なお、「医療とは患者の死期を一日でも先送りすること」だと信じて疑わない、あるいはマニュアル通りに処置する以外のことは一切考えないようにしている医者はたくさんいるのです。

前述の、義父の最後の担当医師は、ドライな物言いをする人でしたが、マニュアル通りの治療をするのではなく、患者本人のQOLを考えつつ「どこまでやればいいんですか」という本音を吐露してくれただけでも「よい医者」でした。

しかし、患者のQOLを第一に考える医者でも、患者の生活に関わっている人たち、家族や友人・隣人たちのQOLまで考える余裕はないですし、そこまで期待するのは無理というものでしょう。

さらには、大病院などでは、外来専門の医師と入院病棟や併設されている療養施設の担当医師は別であることが多く、いつも親切でよくしてくれている外来担当医の紹介で併設施設に入った途端に監獄のような生活が待っていた、ということもあります。

どんなに人当たりがよく、親身になって考えてくれる医師であっても、すべてを委ねるのではなく、相手の立場や性格、医療や人生への考え方を知った上で「最大公約数的な関係」をうまく築いていくことが大切です。

具体的には、「かかりつけの町医者」とは、普段の健康管理をしてくれて、必要最低限の薬を処方してくれる窓口としてつき合い、大病院の専門医は手術などの技能と経験を最重視して選ぶ、といった技術を養いたいものです。

「看取り医」を見つける難しさ

病院で死ぬことの恐ろしさを理解し、たとえ死期が早くなっても家で看取ろうと本人も家族も覚悟を決めたとしても、実際には在宅死を手伝ってくれる医師が必要です。

看取りをしてくれる医師がいないと、自宅で死んだ場合、警察が来て家族に事情聴取をすることになります。

いつもお世話になっているかかりつけの医師が看取りを手伝ってくれればいいのですが、一般の診療所・個人病院の場合はまず難しいでしょう。

すでに述べたように、国は病院死を減らそうと様々な施策を試みてきましたが、在宅診療報酬の優遇措置もその一つです。２００６年の改定では新たに「在宅療養支援診療所」が制度化され、外来診療よりずっと高い報酬が見込めるようになったため、在宅診療に乗り出す医療機関も増えました。

しかし、これには落とし穴がありました。

まず、医師に患者を紹介する代わりに医師が受け取る診療報酬の一部をペイバックさせるブローカーのような業者が現れました。

また、同一の介護施設やサ高住（サービス付き高齢者向け住宅。第9章で詳述）などに入っている10人の老人を1日で診療するのと、バラバラな場所の自宅に住んでいる10人の老人を一軒ずつ訪問して診療するのとでは手間やコストがまったく違いますが、当初は診療報酬が同じでした。

そうなると、医師は手間がかからない1ヵ所での集中診療を優先して、面倒な戸別訪問を避けるようになります。これでは医療費のトータルコストを抑えようとする国の思惑とは逆の結果になりかねませんし、本当に訪問診療を必要としている人たちにサービスが届かないことにもなります。

そこで、国は戸別の訪問診療と介護施設やサ高住などでの集中診療の診療報酬に大きく差をつける改定を行いました。２０１４年のことです。

しかし、最大で報酬総額が４分の１に減額されるという急激な改定だったために、現場は大混乱し、介護施設にさえ医師が来なくなるといった事態も起きました。

その後も在宅医療の診療報酬点数制度は改定が続いて複雑化し、現場の医師も介護施設も振り回され続けています。そんな状況ですから、介護施設に入らず、自宅で看取りをしてもらうために訪問診療医師を探すのは極めて困難です。

運よく看取りをしてくれる訪問医師が見つかり、なおかつ看取る家族や本人が終末医療のあり方についてしっかり理解をしていて「できるだけ苦しまないよう、不要な処置はしないでほしい」と医師に伝えたとしても、医師としては何もしないで見守るだけでは時間ばかり取られて診療報酬点数が上がらず、生活ができません。

自然死を手伝いたいと思う、心ある医師ほどジレンマを抱えているはずです。

看取り医を「育てる」

このように終末医療の実情を知れば知るほど、システムが許さない問題、クリアしなければばならない問題が多すぎて、今の日本では「家で自然死する」など不可能に近いのではないかと思えてきます。

私は現在（２０１７年10月）、栃木県日光市に住んでいますが、栃木県の在宅療養支援診療所一覧というリストを見ると、日光市ではわずか３ヵ所しかなく、そのすべてが個人病院で、「支援診３」といういちばん緩い条件の従来型在宅療養支援診療所でした。その３つの開業医のうちいちばん近い医院は我が家から11キロ、後２ヵ所はおよそ20キロ離れています。

しかし、そこで諦めてはいけません。ある介護施設の経営者（第９章で紹介）は「訪問診療をしてくれる医師がいないなら、私たちが育てていかなければいけない」といいます。具体的には、まず、かかりつけ医に通院できるうちに懇意にしておき、どんな風に死にたいかを伝えておく。次に「訪問看護ステーション（事業所）」の所在を教え、「先生が往診できなくても、先生の指示で訪問する看護師は手配できます」と伝えておく。そうしてじわじわとコミュニケーションを取るうちに、医師も気持ちが動き、最後の最後くらいは自分が出向いて看取ってあげようと思ってくれるかもしれない、というわけです。

訪問診療をしてくれる医師は非常に少ないですが、訪問看護ステーションはほとんどの自治体に複数あります。**かかりつけ医が「訪問看護指示書」を書いてくれれば、医師本人が訪**

問できなくても、派遣される看護師などによって適切な終末処置をしてもらえる可能性があります。しかし、こうしたシステムに精通しておらず、一度も利用したことのない医師も少なくないので、利用する側がイニシアティブを取って医師を誘導し「育てる」ことが必要だと、その介護施設の経営者はいうわけです。

医者に丸投げして身を委ねるのではなく、あくまでも主役は自分だと認識し、医者に指示する、あるいは医者を「育てる」くらいの気持ちがなければ、幸せには死ねないのです。

これは非常に重要な視点だと思います。

ただし、よい施設にも入れず、なおかつ理解のない家族がそばにいる場合などは、病院で縛り付けられて死ぬという最悪の死に方から逃げるために、家族を遠ざけて一人で死ぬ方法を真剣に考えなければならないかもしれません。

誰にも気づかれずに死ぬことを「孤独死」などと呼んで悪いことのように印象づける風潮がありますが、すでに述べた父方の伯母のように、自分で自然死を選べるのなら、一人で死ぬこと自体はそう悪いことではないと私は思っています。

ただし、その際、遺体の腐敗などは大変な迷惑をかけるため、なるべく避けたいものです。

第3章　癌で死ぬという解

日本人の半数以上は癌になります。癌を宣告されたら、どう対応すればいいでしょうか。最後の最後まであらゆる治療を試す人もいれば、一切の治療を拒否する人もいます。

癌にどう向き合えばいいのかを、極力合理的に考えてみます。

癌にならない人のほうが少ない

日本人の平均寿命は男性で80・98歳、女性で87・14歳（厚労省「平成28年簡易生命表」）です。この数字を見て、なんとなく自分も80歳くらいまでは生きられるのだろうと思い込む人が多いのですが、そういうことではありません。

例えばこれを書いている私は今62歳ですが、簡易生命表を見ると、60歳までに死ぬ人は男性100人中約7人です。お年玉付き年賀状で切手シートが当たる確率が100枚につき2枚ですから、その確率よりはるかに高い割合の人が60代を迎える前に死にます。これが70歳までとなると、死ぬ人は一気に100人中約17人に増えます。還暦を迎えられても70歳になる前に死んでしまう人が1割いるわけですが、その死因の多くは癌です。

日本人の癌の生涯罹患《りかん》率は54%、つまり、2人に1人以上が死ぬまでに何らかの癌になります（国立がん研究センターがん対策情報センター「最新がん統計」2017年9月版）。

ちなみに、CDC（米国疾病予防管理センター＝合衆国国家機関の一つ）に勤める博士と直接話をする機会がありましたが、長寿になったから癌になる人も増えたとは一概にはいえず、長寿の要素を除いても癌は昔よりも増えているそうです。ただ、50歳までに癌になるリスクは2%、40歳までだったら1%以下ですから、ほとんどの人はある程度歳を取ってから癌になるわけです。

癌で亡くなる人たちを何人も見送る一方で、時には癌を完治できたと思えるケースを知ることもあります。また、老人の癌は概して進行が遅いため、癌になっても、癌が直接の死因になる前に別の要因で死んでしまう人もいっぱいいます。

癌で死ぬ確率は、癌の部位や進行状況で大きく変わります。10年生存率を見ると、甲状腺癌が89％であるのに対して膵臓癌は5％と、大きな開きがあります（全国がんセンター協議会調査）。

この数字を示して、保険会社などはさかんに癌保険への加入を勧めてきますが、癌保険が役に立つかどうかはまた別の話です（第6章参照）。

癌は予防できるのか

癌になるならないは遺伝の要素が大きいともいいますが、その前にまず、癌は予防できるのか、ということを知りたくなります。

医師の長尾和宏氏は、遺伝的要因で発症する癌は予防できなくとも、生活習慣や感染症が原因の癌は予防できる、といっています（『寝たきりにならず、自宅で「平穏死」健康寿命を延ばすために大切なこと』ＳＢ新書、２０１５年）。

予防の方法については情報があふれていますので、ここで書くまでもないでしょう。

要するに、煙草は吸わない、塩分、脂肪分は控え、食物繊維を多くとるといったようなことです。脳梗塞にならないための心得とほとんど変わらないですね。

いろいろな説がありますが、**最大の予防法は「ストレスをためないこと」**でしょう。

私がそう考える根拠の一つは癌罹患率の男女差です。日本人の生涯癌罹患率は男性62%、女性46%で、癌死亡率も男性25%、女性16%と、男性のほうがずっと高いのです。

女性には子宮癌や乳癌など、若いときにも発症する癌があるのに、トータルでは男性のほうが癌になる確率が高いのはなぜなのでしょう。

簡単に言えば、中高年男性がストレスをためているからだと思います。

実は、日本では自殺する人の7割が男性で、女性の倍以上です。年代別では40代から60代の男性に多く、これは中高年男性が、女性や他の年代の男性よりもストレスをためていることを示しています。このことと、癌の罹患率傾向は似ており、決して無関係ではないでしょう。

癌を予防したいと思うあまり神経質になってストレスをためてしまったら本末転倒です。

例えば、私は胃癌の原因になるとされるピロリ菌の保菌者ですが、治療するつもりはまったくありません。

50代以上の8割が持っているという菌を、わざわざ副作用（味覚障害、下痢、じんましん、アレルギー、腹痛など）のリスクを冒してまで殺そうとは思いません。

ピロリ菌保菌者は小児ぜんそくやアレルギーになりにくいとか、ピロリ菌は食道を防御しているというよい一面もあるのではないか、といった説もあります。

ほぼ間違いないことは、ピロリ菌単体で胃癌を引き起こすことはなく、ストレスや喫煙などと結びついたときに悪い方向に働くということです。進行が早く致死率が高いスキルス胃癌との関連も薄いとされています。であれば、薬を使ってピロリ菌を殺すよりも、ストレスをためない生活をすることのほうがはるかに大切でしょう。

ピロリ菌の問題に限らず、私はほとんどの病気はストレスと過労が最大原因になっていると考えています。

ストレスがたまると免疫力が落ち、感染症にかかりやすくなりますし、内臓の働きがおかしくなったり、血流が悪くなったり、ホルモンバランスが狂ったりします。

これは医学的な知識云々ではなく、60年以上生きてきて、自然に「感じる」ことです。

猫と犬に助けられて生きる

私は、健康維持、病気予防についてはそこそこ気にしていますが、生来の怠け者なので、やれることだけを緩くやっています。

私の一日は、猫に起こされるところから始まります。

朝9時を過ぎると猫が起こしに来ます。黙って枕元に座り、前脚でそっと頬に触れるという起こし方。「もう少し」と言って追い払うと、5分後くらいにまたやってきて、またまた頬に前脚をペタッ。スヌーズ機能付きの高性能目覚まし猫なのです。

普通の人は朝起きると顔を洗ったり歯を磨いたりするようですが、私はしません。

水を飲み、無糖のプレーンヨーグルトをマグカップに少し入れ、ティースプーンでマヌカハニー（蜂蜜）を少量すくってヨーグルトに混ぜて一緒に口に入れます。その後、空になったマグカップに薄めのインスタント珈琲を作って仕事部屋に行き、珈琲を飲みながらメールチェックやWEBのサイドビジネス関連のルーティーン作業を始めます。

すぐに猫が来て、バルコニーに出せとアピールするので、一緒に出て、猫の横で軽くストレッチ（寒い季節は部屋の中で）。

朝食兼昼食（起きて1食目）は12時半から13時くらい。録画してあるテレビ番組（NHKの朝ドラなど）などを見ながら食べます。内容はごはん（白米）茶碗に1杯、具だくさんの味噌汁、納豆1パック、焼き海苔少々……は毎日定番。他に1品、野菜・魚・たまごなどを使ったおかず。食後は緑茶をマグカップに1杯か2杯。

その後、また仕事部屋に戻ってパソコンの前でもろもろの作業。

夕方16時前後に、近所の犬を連れ出して散歩。坂道を含む２〜３キロ。この犬ももうすぐ18歳なので、人間と犬の共同老老介護といったところでしょうか。

帰ってくると汗をかいたシャツを脱いで着替えて、珈琲タイム。このときはインスタントではなくドリップで。同時に菓子類を少し。この後、どうしようもなく眠気に襲われるので、30分くらい寝ることもあります。起きてまた仕事。

２食目は23時過ぎ。録画してあるテレビ番組（お笑い系や海外ドラマなど軽いもの）を見ながら、発泡酒１缶を半分ずつ妻と分けて、その後は安物のワインを氷入りで飲みながら野菜中心の食事をして、寝るのは夜中の２時過ぎ……というのが標準的なパターンです。

何度か、夕食をもっと前にずらそうとしたことがありますが、妻の「寝る前に飲みながら食べないと眠れない」という主張に負けて、何十年もそのままです。

一般的には不健康な生活に見えるかもしれませんが、ストレスはあまりたまりません。特に、猫と犬に助けられています。

猫に邪魔されながら仕事をすることで、長時間同じ姿勢のままでいることが避けられますし、近所の老犬のおかげで毎日歩くこともできています。

頻尿や排尿時のキレが悪くなるといったことは年相応でしょうし、24時間常に耳鳴りがするとか、仕事を根をつめてやるとすぐに血便が出るといったことも、もう長い間続いているので慣れてしまいました。

たまに胃がどよんと気持ち悪くなるのは、決まってストレスをためたときですから、何か治療をしようというよりも、そのストレスの原因を見極めて、気にしないように心をコントロールします。

ストレスをためる要因は次から次へと増えていきますが、それを全部まともに受け止めていたらとても生きていけません。諦めたり無視したりといった対処も含めて、極力ストレスをためない生き方を心がけています。

癌検診は必要か

癌を予防するには定期的に癌の検診を、ということがさかんにいわれますが、私自身はしていません。胃カメラを呑み込むなんていうのは考えただけでもとてつもないストレスですし、検診して何か見つかったら、それがまたストレスになってしまいますから。

治療すれば治るかもしれないという前提でも、私自身は積極的に癌を発見したくないし、見つかったときも、治療には相当慎重になると思います。

還暦を過ぎた頃からは、もう普通の人より十分に人生を堪能できたと思えるので、明日死んでもまあいいかな、という気持ちで暮らしています。

肝機能は気になるので、何年かに一度、病院に行って血液検査をしてもらうようにはしているのですが、犬と散歩するようになってからはほぼ正常値です。

日本人の2人に1人は何らかの癌になるのですから、癌検診に関しては、したい人はすればいいと思います。早期発見早期治療で治るケースはたくさんあるわけですから、治るのに治さないのは損でしょう。

癌にはどう治療しても治らない「本物のがん」と放置しておいてもそれ以上にはならない「がんもどき」がある、という有名な「近藤誠理論」については、信用していません。治療して治った人の癌は全部「がんもどき」で、治療の必要はそもそもなかった……などという話を鵜呑みにできるわけはありません。そんな単純な話であるはずがないでしょう。

癌にしてもその他の病気にしても、医者が、というより医学界がすべてを解明しているわけではなく、わからないことや不確定要素のほうがはるかに多いのです。

医師によっても考え方は様々です。

「こういう場合は放射線治療と抗癌剤の併用で行くのが当然です」などと断言する医師は、マニュアル通りに言っているだけで、患者の体質や性格までを深く観察して言っているわけではありません。

すでに前章で述べたように、医者に頼り切らず、あくまでも主体は自分なのだと意識した上で、医者の性格や考え方も観察しつつ、医療機関をうまく「利用する」ことが大切です。

なぜ医者は癌で死にたいと思うのか

多くの人の死を見ている医師たちの中には、「死ぬなら癌がいい」と公言する人が少なくありません。

その理由として「余命宣告されてから死ぬまでにまだ動ける時間があり、残務整理やお世話になった人たちへのお礼の言葉が言える」ということもありますが、**いちばんの理由は「確実に死ねるから」**だといいます。

「人によっては、ある年齢以上になった場合、一年位で確実に死ねる癌に因る死を（特に悲惨な何年もかかる死を知っている医師には）歓迎すべきものと感じられることもあるのではないでしょうか？」（丸山理一「死について」日本医事新報1991年1月26日号）。

こう述べた丸山医師は、自分で胃癌を診断してから「治療はしない」と決断し、9ヵ月後に亡くなりました。63歳でした。

すでに紹介した永井明さんも亡くなったのは56歳という若さでしたが、自分が癌であると知ってから死ぬまでの間の淡々とした生き様や、治療をしないという決意は、医師ではない普通の人たちにはなかなか理解できないかもしれません。

脳卒中で倒れた後にすぐに死ねなかった場合の悲惨さは、私の母の死で書いた通りです。そうした悲惨な死に方を日常的に見て知っている医師たちは、あんな死に方よりは癌で「確実に死ぬ」ほうがずっといい死に方だ、と思っているわけです。

自分の死を事前に知らせるべきか

今は、末期癌の場合でも、本人に告知することがほとんどです。

自分の死を目の前にしたとき、そのことを誰にどんな形で告げたらいいのでしょう。あるいは告げないほうがいいのでしょうか。それはすべて、死の主役である本人の哲学に任せるべきですし、どんな形であれ、その行動には精一杯敬意を払うしかありません。

２０１４年の10月、突然「ご報告及び御礼」というタイトルの同報メールが届きました。


皆様へ。

お世話になっております。

私事で恐縮ですが、本日はあるご報告と御礼を申し上げたくメール致しました。

実は、９月初旬以来体調が悪く、下旬に緊急入院致しました。

いろいろ検査をしました結果、「肝管閉塞症及びすい臓癌」と診断されました。

余命3ヵ月〜6ヵ月。

診断結果に最もびっくりしたのは本人ですが、これも運命、受け入れざるを得ません。

すい臓癌は肝臓にも転移していて、外科的手術は不可能ということでした。

今後は、「抗癌剤」治療となります。

ただ、抗癌剤治療は副作用もあり、経過次第では、通常の思考や肉体を維持できるかわかりません。

そこで、まだ、病状の顕著に表れていない現在、普通の思考と精神状態であるうちに、皆様にご報告と御礼を申し上げねばと思った次第です。

私と様々な形でおつき合いをいただいた皆様に、時にはご指導、ご鞭撻、激励、そして何よりも深いご厚情を賜り、誠にありがとうございました。

深く感謝致します。

私は、これから始まる抗癌剤治療に精一杯頑張るつもりです。

皆様の御多幸をお祈り致しております。

ありがとうございました。（後略）

送信者は映像作家の桂俊太郎さんです。番組制作会社でドキュメンタリー番組や映画の制作に携わった後、「本当に作りたい作品を作りたい」と、早めに退社してからは自主制作作品を制作していました。

私が紹介した南福島での石工三代物語『神の鑿《のみ》』に触発されて、『狛犬の棲む里』という短編映画を撮り終え、舞台となった福島での上映会を準備している最中のことでした。

奥様のお話では、余命宣告も自ら医師に問いただし、死期が迫っていることを知ると、ただちに奥様にてきぱきと指示を出して製作途中の作品の今後について仲間に要望を伝えるなど、残務整理にとりかかったそうです。

結局、桂さんは遺作となった作品の初上映会には出席できず、奥様が本人の代読ということで壇上に上がって、見事なスピーチをされました。

そのおよそひと月後に桂さんは亡くなりました。63歳でした。

訃報は奥様からの同報メールでした。

桂さんの最後までクールな姿勢も見事でしたが、笑顔で登壇して挨拶をされた奥様の姿にも感銘を受けました。

癌による死は、周囲の人たちにお別れを告げられるからよい死に方だというのは、その通りなのかもしれません。

癌治療のやめ時と病院からの逃げ時

癌治療がうまくいって回復する場合というのは、ある段階で改善が実感できるはずです。治療を続けてもじわじわと体調が悪くなる一方であれば、その治療で死へ向かう時間を多少延ばせるかもしれなくても、回復して元の生活には戻れない、ということでしょう。

自分の命なのですから、そこから先をどうするかは、医者ではなく自分が決めるべきです。

医者はマニュアルに添って「標準的治療」をやるしかありません。そうしないと、下手すると患者が死んだ後で訴えられたりしますから。

余命宣告というものも、そのまま信用してはいけません。医者は必ず短めに言います。余命半年と宣告して1年生きれば「先生の治療のおかげで半年も長生きできました」となりますが、その逆は恨みを買いかねませんから。

後どれくらい生きられるかなんて、正確にはわかるわけがないのです。最後は自分の頭で考え、決めるしかありません。

これ以上治療しても苦しいだけだと感じたら、「ここでやめます」と宣言し、スパッとやめたほうがストレスが軽減され、むしろそこから先は長く生きられるかもしれません。

しかし、それだけの勇気と実行力を持っている人は稀です。

入院している場合はなおさらで、「ここで治療も入院もやめます。家に帰ります」と宣言し、実行しきれる胆力があるかどうか。その気力もないほど弱っているかもしれませんし、頭がはっきりしていないかもしれません。

自分がそう主張しても、家族が猛反対するかもしれません。医者が止めるのに無理矢理家に連れ戻す家族はほとんどいないでしょう。

しかし、**治療のやめ時、死ぬために家に戻るべきときを逃すと、死んでいく本人も、見送る家族も苦しむことになります。**

「終末期宣言書」（205ページ参照）を提案し、自らもそれを実践して亡くなった西村文夫医師は、著書『私が選ぶ、私の死　終末期宣言のすすめ』（角川文庫、1999年）の中で、ある末期癌患者とその家族が家での看取りを成し遂げた例を紹介しています。

その男性は、大腸癌の手術を受けた後、6年半経って肺や胆管などに転移し、再手術や放射線治療の末、末期であると宣告され、病院を出て家に戻ってから家族に看取られて亡くなりました。

亡くなる3日前に開業医の弟さんが見舞いに来て、点滴も何もしていないことに驚き、「身内として点滴もしないでそのまま放置しているのは耐えられない」と言ったそうです。

しかし、家族も主治医も、終末期の点滴は無用に苦しみを与えるだけだと理解し、だんだん食べられなく、飲めなくなる姿を最後まで見守り、看取りました。

父親を看取った中学生の娘さんはこんな追悼文を書いています。

〝病院ではなく、家で死ぬ〟ということは、なんとすばらしいことなんだろうと思いました。病院だったら絶対できないことがたくさんできました。買い物へ行ったり、食事に行ったり、歌をうたったり、とても楽しく過ごしました。

父が早く死んでしまって残念です。でも一か月間、父と一緒に過ごせたことを神様にとても感謝しています。（同書より）

これは本人、家族、主治医全員の合意と協力があってこそできたことです。どれか一つでも欠けていたらできません。だからこそ、ギリギリまで粘っていると危険だと思うのです。頭がしっかりしているうちに、身体がまだ動くうちに準備し、最後はしっかり決断し、行動しないと手遅れになります。

幸せに死ぬために最も必要なのは、家族や医師とのコンセンサスです。

第４章　本当にアルツハイマーなのか？

身体がしっかり動くという意味では健康体であっても、頭が惚けてきてまともな判断ができなくなる状態は、人によっては死ぬよりも恐ろしいことかもしれません。

ここで、認知症とどう向き合うかについて考えてみます。

「失う」ことを極度に恐れない

現在、65歳以上の高齢者の約４人に１人が認知症またはその予備群とされていますが、これが団塊の世代が75歳以上となる２０２５年には２人に１人以上になると予測されています（いずれも厚労省発表）。

しかし、「予備群」という言い方は曖昧ですし、何をもって認知症と判定するかの基準もはっきりしないところがあります。

認知症を考えていく上での出発点は、**誰でも程度の差こそあれ、歳を取れば惚けていくものだという認識を持つこと**です。若いときのように頭が回らなくなるのは避けられません。それを認めようとしないのであれば、すでにそれが認知症の始まりでしょう。

これは若い人よりも知力が劣るということではありません。知識や経験は歳を重ねた分だけ積んでいるわけですから、その点では若い人（若いとき）よりも確実に「優れている」はずです。ただ、何をやるにも処理速度が落ち、気力も衰えていくということです。

それをただ「失っていく」ととらえていると、歳を取ることは悲劇でしかなくなります。ですから、失うのが自然なもの、仕方がないもの、諦めなければならないものと、失わずに済みそうなもの、場合によっては歳を取ってからでも可能性を広げられるものとを分けて考えることが必要です。

私の場合、60代を前にして、長年やってきたテニスを諦めました。腕に負担のかからないラケットを探したり、プレイスタイルを変えたり、いろいろあがいてみたのですが、最後は一緒にプレイする人たちへの迷惑を考えて諦めました。

作家としては、若いときは小説を書くエネルギーは性欲から出ていると考えていましたが、性欲が一気に減退してからは、違うものを書く意欲に変換しなければと思うようになりました。生きることの切なさや、一人の人間がなし得ることの可能性といったものを見つめて物語に込めるとか……そんな感じです。

視点を変えれば、今まで見えなかったことが見えてきて、「長生きはするもんだ」と嬉しくなる瞬間も増えます。

この「できなくなることとできることとの分類」がうまくいけば、脳の処理速度が落ちたり、記憶容量が減っていくといった症状にも、それほど恐れずにつき合うことができます。

人や物の名前を忘れて思い出せないなどは、どうでもいいことです。ちょっと調べればわかる（思い出す）ことですから。

私と妻は寝る前に酒を飲みながら海外ドラマ（欧米の刑事物など）を見ることが多いのですが、ひどいときは先週見た「前編」の筋を忘れてしまい、後編を見る前に前編をもう一度見直したりします。数ヵ月前に見たドラマだと、犯人が誰だかさえ忘れて、最初から最後までもう一度楽しめたりもします。こういう惚けは笑って済ませていればいいのです。

老いをパワーに変える技術

人は歳を取るとどんどん幼児化していき、持って生まれた性格をストレートに出すようになります。

感情をそのまま吐露し、好き勝手に振る舞うと、周囲の人に迷惑をかけたり、不要なトラブルを起こすことになる。だから気に入らないことがあっても、適度に本心を隠したり、我慢するのが大人の行動というものだ……と、普通の人は考え、行動するわけですが、脳が老化すると、そのストッパーが外れやすくなります。

これは病気なのでしょうか?

例えば、家でパンツ一丁の裸でも平気でいる老人をよく見ますが、もともと豪放磊落《ごうほうらいらく》な性格の人が、退職して自宅で悠々自適に暮らすうちに、「ここは会社の会議室ではない。俺の家だ。暑いなら脱げばいいだけだ」と開き直ったのだとすれば、別に心配する必要はないでしょう。老人に何かを言いきかせても、行動を変えることはまず期待できませんから、無理に注意することでお互いにストレスを増やすのは損です。

むしろ、発想を変えてみましょう。脳の中でストッパーが外れることは、一概に悪いことばかりとはいえないのではないか、と。

羞恥心が薄らぐ、世間体を気にしなくなる、行動が大胆になることを自分で意識した上で、今までやれなかったことをやりとげられるかもしれません。

30代、40代のときにはためらわれたようなことを還暦過ぎてから始める人は少なくありません。子供を相手に絵本の読み聞かせや紙芝居のボランティアを始めたり、今まで封印してきた戦争体験を人前で語り始めたりする老人などはよい例でしょう。

80代の一人暮らしの女性が、70歳を過ぎてからデジカメとパソコンの使い方を覚え、自分をモデルにして「ゴミ袋に入れられてゴミ集積場に捨てられた老女」といった自虐ネタ写真をネットに公開して人気を集めているという例もあります。

人に迷惑をかけない限り、老人の開き直りは全然悪いことではありません。

こんな風に老いをパワーに変える技術を身につけている人は、惚ける速度も緩くなり、いつまでも生き甲斐を持って人生を楽しんでいます。

難しい認知症診断

老いによる脳の機能低下は誰もが避けられないし、必要以上に恐れる必要はない、という前提の上で、ここからは「病理」としての（本物の）認知症について考えていきます。

まずは、認知症と一口にいっても、それが「脳神経系の異常」からくるものなのか、脳に血が行き渡らないことが原因なのか、あるいは単に老化による脳の機能低下なのかをしっかり見極めることから始めなければなりません。

認知症には脳血管性、アルツハイマー型、レビー小体型、前頭側頭型などがあります。「脳血管性認知症」は脳の血管が詰まったり出血したりして脳細胞に酸素が送られなくなっている状態ですから、認知症症状そのものへの対応より、脳細胞を死なせている血管障害を改善させることが治療の第一義です。これは神経内科よりも脳神経外科の領域であり、脳のＭＲＩを撮れば脳梗塞などが見つかるため、かなりはっきり診断できますし、治療法のことで混乱が起きることもあまりありません。

これに対して、アルツハイマー型認知症（ＡＴＤ）、レビー小体型認知症（ＤＬＢ）、前頭側頭型認知症（ＦＴＤ）は「変性性認知症」というグループで、脳の神経細胞の異常により起こります。このグループは、原因がよくわかっていません。治療法にも諸説あって、医療現場でも混乱や論争が絶えません。

はっきりいえば、**認知症を正確に診断し、対応できる医師は極めて少ない**のです。

ＭＲＩを撮っても、脳梗塞と違って脳神経の「変性」そのものは画像には現れません。結果、ＭＲＩ画像を見て脳梗塞が見られなければ、自動的に「アルツハイマー型認知症」と診断されてしまうことが少なくないといいます。ただし、アルツハイマー型認知症は、記憶を司る海馬という部分が萎縮していくので、ＣＴやＭＲＩでもある程度は診断がつきます。

レビー小体型認知症は、レビー小体という特殊なタンパク質が脳の一部に集まってきて神経細胞を壊すために起きるとされています。

最大の特徴は幻視や妄想で、いるはずがない人がいたとか、部屋の中を無数の虫が這っているなどと主張する場合は、レビー小体型認知症である可能性が高いという診断になります。

レビー小体型認知症はアルツハイマー型認知症を併発していることもあるので、医師によって診断が分かれたり、治療指針がまったく異なってくることが珍しくありません。

レビー小体型認知症なのにアルツハイマー型だと診断されたために、長く間違った治療をされて苦しんだという事例も数多くあります。

親族が認知症になると、否応なしに自分も巻き込まれて日常生活に大きな影響を受けます。そうなると自分の老後生活のための必要十分な金や体力を残せないということにもなりかねませんから、家族の認知症に間違った対応をしないことは、自分にとっての「幸せに死ぬ技術」の一つともいえます。

医師の「アリセプト処方依存症」問題

アルツハイマー型であれレビー小体型であれ、脳神経に異常をきたしている認知症に対しては、医師は患者の様子を観察して投薬することしかできません。どんな薬をどのくらい与えるかを判断するわけですが、これこそまさに「センス」が必要なことで、かかった医師によって**診断や投薬内容がまるで違ってきます。**

認知症の薬として最も有名なのが、商品名「アリセプト（一般名「ドネペジル塩酸塩（以下、ドネペジル）」）」です。

これは珍しく「国産」の医薬品で、１９８９年に日本の医薬品メーカーであるエーザイで臨床試験が開始され、10年後の99年10月の承認を得て国内販売が11月に開始されました。ちなみに米国では91年に臨床試験を始めて5年後の96年には認可され発売されていたので、認可と発売では先を越されました。

アリセプトは5ミリグラム錠の薬価が３００・6円という高価な薬で、かつてはエーザイの稼ぎ頭でした。２０１０年度には国内売り上げだけでも１０００億円を超えていたほどです。

日本では認知症の「進行を遅らせる」ための薬として、アリセプトの他に、レミニール

（一般名「ガランタミン」）、イクセロン、リバスタッチ（同「リバスチグミン」）、メマリー（同「メマンチン塩酸塩」）が認可されています（２０１７年現在）。

このうちレミニール、イクセロン、リバスタッチはアリセプトと同種で神経細胞内の神経伝達物質であるアセチルコリンを増やす薬ですが、メマリーは別系統（過剰なグルタミン酸の放出を抑えることで脳神経細胞死を防ぐのが目的）なので、アリセプトなどと併用も可能とされています。

なぜこんな専門的なことを書いているかというと、認知症治療においてアリセプトの処方が様々な悲劇を生んでいるからです。

アリセプトは使い方次第で認知症症状が劇的に改善されることもあるのですが、基本的には「アッパー系」の効力を持ち、服用後、怒りっぽくなったり、徘徊を繰り返したりといった問題行動を起こさせる傾向があることが、医療や介護の現場で数多く報告されています。

アリセプトの標準処方は、1日1回3ミリグラムから開始し、消化器系の副作用が現れなければ1～2週間後に5ミリグラムに増量、その後4週間以上経過したら10ミリグラムまで増量してもよい——つまり、特別な理由がないと自動的に5ミリグラム以上の処方を続けることになっています。

しかし、これによってかえって症状を悪化させたり深刻な副作用を招いていると警告している医師たちが多数います。

この「アリセプト5ミリグラム処方問題」を告発している医師の代表格が「コウノメソッド」で有名になった河野和彦医師（名古屋フォレストクリニック院長）です。

河野医師が作って公表している「コウノメソッド2016」には、アリセプト（ドネペジル）の処方について、「1・5ミリグラムを28日間投与。様子を見て2・5ミリグラムに増量。適宜増減。8ミリグラムで効かない場合はメマリー併用を開始」とあります。

これは標準処方の「3ミリグラムから開始し、消化器系の副作用が現れなければ1～2週間後に5ミリグラムに増量。10ミリグラムまで増量可」とは大きく違います。

間違えてはいけないのは、アリセプトの危険性を訴えている医師たちは「効かない」とか「処方すべきではない」と主張しているのではなく「患者の症状に合わせて服用量を細かく調整することが必須であり、副作用が強く出たら標準処方より減らすことでよい結果が得られることがある」と主張している点です。しかし、標準処方以外の処方は保険適用されなかったりしたため、ほとんどの医師は黙って「標準処法」をします。それではまずいということで、2015年9月には一般社団法人「抗認知症薬の適量処方を実現する会」（代表理事・長尾和宏医師）が設立され、医師の裁量で標準処方以下の容量でも保険適用を認めるように国に要望を続けたところ、16年6月、厚労省は抗認知症薬の少量投与を容認する通達を出しました。

「匙加減」をしない投薬で殺される

アリセプトは米国で2010年11月に、日本では翌11年6月に特許期間が切れたため、今では多数のジェネリック薬（同じ成分の後発薬）が出ており、その薬価は5ミリグラム錠で125・7円〜158・2円と元祖アリセプトのおよそ半額です。結果、アリセプトの開発・販売元のエーザイは一気に減収になりました。

その後、アリセプトは2014年9月にレビー小体型認知症への処方も認められました。日本以外では認められておらず、世界初の承認でした。

しかし、この承認に対しても多くの医師が疑義を呈しています。

まず、後発のジェネリック薬（商品名「ドネペジル塩酸塩○○」など）も基本的には同じ薬ですから、アリセプトがレビー小体型認知症治療に効果があるなら、ジェネリック薬でも効果があるはずですが、アリセプトだけが認可されています。これは医薬品の再審査期間、特許期間に関する保険制度上の認可の問題なので、アリセプト以外にもそうした例はあります。

しかし、お金を出す患者や患者の家族側としてはなんとも腑に落ちません。

さらに問題なのは、アリセプトを試すにも、エーザイが提示している用法・用量ではアルツハイマー型よりも多い用量（10ミリグラム）が標準で、5ミリグラム以下では処方しないようになっていることです。レビー小体型認知症の患者は薬剤過敏を起こすことが多く、副作用も強く出やすい傾向があるといいます。そのため、レビー小体型認知症患者がアリセプトを標準用法・用量で処方されることで、患者本人も介護する家族もひどい目にあう例があるということを、多くの医師、患者の家族らが証言しています。

『認知症　家族を救う治療革命』（山野井正之・著、現代書林、2011年）には、アリセプトの処方に関して多くの医師の証言が紹介されています。いくつか要旨を抜粋してみます。

「レビー小体型認知症の患者にアリセプトを5ミリグラム飲ませてしまうと、動けなくなって寝たきりになってしまう。転んで骨折したり、嚥下《えんげ》（飲み込み）ができなくなって誤嚥して肺炎になったりして、死亡してしまう場合もある」「アルツハイマー型やピック病でも、暴れたり怒鳴ったり暴力をふるったりする患者がたくさんいる。そういう患者にも医者は自動的にアリセプトを3～5ミリグラム出すことがある。しかしアリセプトはそうした陽性症状に拍車をかけることが多く、暴力がさらにひどくなったりする。それでも医者はアリセプトで悪くなったとは夢にも思わない」（長久手南クリニック院長・岩田明医師）

「中枢神経に作用する薬というのは人によって効き方が全然違う。アリセプトも、抗鬱剤などの精神科薬と同様に慎重に使わなければならない。1ミリグラムでも効き過ぎてしまう人もいれば、10ミリグラムでもまったく効かない人もいる。私は、薬局で3ミリグラムの錠剤を半分に割ってもらって処方したり、時には増やしたり、やめたり、患者の反応を見てきめ細かく処方を変えている」(慶成会新宿一丁目クリニック院長・星洋助医師)

２０１６年6月の厚労省の通達以後は、アリセプトの少量投与にも保険が適用されるようになっているはずですが、抗認知症薬を適切に処方できる経験とセンスを持った医師が少ないことには変わりありません。一般的な内科医では、標準処方をしてそのまま、ということが多いでしょう。

また、アリセプトとは別系統の薬メマリーとの併用も極めて難しい判断となります。メマリーは中度から高度のアルツハイマー型認知症に処方が認められているため、通常はアリセプトから始め、症状が進んできたらアリセプトに加えてメマリーも併用という処方なのですが、義母(後述)のアルツハイマー型認知症治療にあたっている脳神経外科医は、アリセプトは使わず、最初からメマリーを処方していました。

また、乱暴にいえば、アリセプトが「アッパー系」ならメマリーは「ダウナー系」ともいえる薬で、暴言や暴力をふるう認知症患者を落ち着かせる目的でメマリーが処方されることもあります。アリセプトが合っている人、メマリーが合っている人、併用が有効な人など、様々なケースがあり、それを見極めるのは至難の業です。

いずれにせよ、抗認知症薬では認知症を治すことはできず、進行を遅らせることしかできません。それを理解した上で、どのような処方がベストなのかを探らなければなりません。どの薬をどのくらい処方すればよいかは個人差が大きく、「匙加減」を間違えると、よくなるどころか悪化し、死期を早めることさえあるわけです。

もちろん、素人が勝手に服用内容を変更することは勧められませんが、それ故、「センスのある医者」を見つけることが極めて重要になってきます。認知症専門医でさえその見極めは困難なのですから、一般の内科医に期待できることは限られていると心得ておくべきでしょう。最初から医者任せにせず、処方薬の種類と量を必ずチェックし、服用後の様子を丹念に観察し、医師には詳細に体調や行動の変化を伝えることです。

事前に医師に「標準処方の半分の量から始められないか」「副作用と思われる症状が出たら、とりあえず服用を中止して指示を仰いでもよいか」といった質問をぶつけてみるのもいい方法です。それでいきなり怒り出すような医師であれば、私なら別の医師を探します。

やっかいなことですが、認知症治療においてはこうしたことを十分に頭に入れた上で医師と向き合う技術が必要なのです。

第5章　認知症の親と向き合う

認知症は、本人よりも介護する家族が大変な苦労を強いられます。

私の父は1928（昭和3）年生まれで現在89歳ですが、認知症が進み、目下介護施設にいます。また、1931（昭和6）年生まれの義母（妻の母）も存命ですが、やはり認知症です。

身内の話を赤裸々に書くのは複雑な思いがありますが、実例として書いてみます。

「別人」になり変わる境界

極度に認知症が進んで家族のことも認識できなくなるとか、寝たきりになって食事も排尿排便も自力でできなくなるといった状態……。多くの人が、「そこまでひどくなる前に死にたい」と言いますが、実際には死ねないでそうなってしまう人がたくさんいます。

私の友人Hさん（女性・50代）は一人でカフェをやっていますが、現在、認知症の父親を抱えて大変な日々を送っています。

そのケースをご本人の了承を得た上で紹介します。

Hさんの父親は90歳になるまで一人暮らしでしたが、ある日、病院から電話がかかってきて、「あなたのお父さまが肺炎です」と言われました。

90歳だし、肺炎となると長くはないだろうと覚悟を決めて病院に行き、すぐに入院手続きを取りましたが、入院した途端に父親は顔も言動も別人のようになり、ここを出る、家に帰るの一点張り。Hさんは根負けして自宅療養を選びます。

しかしそれが地獄の始まり。父親は一気に認知症が進み、寝ない、食べない、徘徊のトリプル攻撃の上、ついにはHさんを娘だと認識できなくなる始末。

Hさんは父親によって自分の生活が完全に破壊されました。

最初の病院に再度連れて行きましたが、あちこちたらい回しにされた挙げ句、別の病院の精神科、さらにまた別の病院へ。娘だと認識さえしてくれない父親を連れて死のロード。しかし当の父親は３分前の記憶もなくしてしまうので、自分が病院を転々としていることも自覚できず、案外平気な様子だったとか。

ようやく精神科の病棟に入れてもらえ、そこでベッドに縛り付けられ、意識は朦朧。ここで死んでいくのだろうと思っていると、治療が本人に合っていたようで、日に日に元気になり、精神科から認知症専門病棟へ移ることができ、リハビリをしながら特養の空き待ちに。

しかし申し込んだ特養は５００人待ち。それまでは老健（介護老人保健施設。第８章で解説）で待機かと思いきや、老健も空きなし。

極端な偏食だった父親が、出される病院食を残さずきれいに食べ、無邪気にしている様子を見ていると、不思議な気持ちになると言います。

「なにしろ、本人には記憶がないのですから、ある意味幸せです。父の感情の動きを見ていると、実に、本能に忠実なんですね。掛け値がないのです。子供返りという人もいますが、子供より素直な可愛さがあります。最近やっと私を娘だと思い出してくれたので、ちょっと嬉しい自分がいます」

……そんな彼女からのメールを読んで、私は「自分が自分でなくなる境界はどこにあるのだろう」と考え込んでしまいました。

我が子を認識できない、3分前の記憶もない。でも、本能のままに食べて、飲んで、動き回ることはできる。この状態になったら、もう今までの人生とは関係なく、何か別の生き物として生物学的に生きているだけなのではないのかとも思ってしまいます。

しかし、そんな状態で生きる意味、QOLが高いのか低いのかを、本人は自力で判断できません。見ている家族も、自分のことではないので勝手に判断できません。

これはある意味、ただの寝たきり老人を抱えるより面倒な問題です。

初期の認知症は家族でも気づけない

私にとって認知症でいちばん強烈な体験は父のケースで、これは今も続いていますが、当初はなかなか気づけませんでした。

父の認知症を最初に訴えたのは母です。

真面目な話をしているのにすぐに逃げたり茶化したりして会話がまともに成立しない、頼んだことを責任持ってやってくれない、毎日外出して怖いほど金を使う……。これは認知症に違いない、といった訴えを頻繁に私にしてくるようになりました。

私の父は1928年生まれ。陸軍士官学校で終戦を迎え、その後、福島市内の中学校で理科の教師をしていました。

その中学校の同僚である子持ちの人妻に父は一目惚れし、ラブレターもどきの詩を書いて渡すなど、猛然とアタック——、その相手が、当時、看護師をやめて中学校の養護教諭をしていた私の母です。

その後、母は夫（私の実父）とうまくいかずに私を連れて離婚。私が６歳のときに今の父と再婚。それを機に、父も母も教師生活をやめて上京。父は大手出版社の編集者として就職し、母の連れ子だった私は父の養子になりました。

血のつながっていない私を可愛がり、大学まで出してくれた父には感謝しています。

父と母の間には娘が一人できました。その娘が２歳になったとき、母は創作人形作家をめざしてある作家に弟子入りし、その後、日展会友（10回以上の入選者）にまでなりました。

母は家で十数人の生徒を教えてもいたので、家のリビングも台所も母の仕事場と化していて、父は定年退職後、居場所をなくしていました。超仕事人間だった父は、定年後も無給で知人の編集プロダクションを手伝いに行き、帰りは毎日終電。そのプロダクションがつぶれた後も、毎朝「カネ」と言って手を出し、母から現金をいくばくかもらっては街に出て、本屋などを徘徊し、夜遅く帰ってくるという生活でした。

一度、夜中に実家を訪れたことがあるのですが、暗い台所で父が一人、ゴソゴソと納豆だけで晩飯を食べていました。

そんな状況でしたから、私はむしろ父には同情的で、母の「パパさんは認知症だ」という訴えをだいぶ割り引いて聞いていました。

実際、父とたまに話をしても、話し方がねちこいのでイライラさせられることはあっても、それはもともとの性格で、特に認知症にかかっているという印象はありませんでした。

父への認識が変わったのは母が倒れてからです。

経管栄養チューブにつながれ、病院のベッドに縛り付けられてしまった母を、父は毎日見舞いに行っていましたが、その様子がどこか楽しそうでさえあるのです。

口がきけなくなった母に幼児言葉で話しかけ、まるで生身の人間を使って人形遊びをしているかのようでした。その様子があまりに異常だったので、「こんな状態でもお袋は目は見え、耳もしっかり聞こえているんだよ。そういう扱いをされることはプライドの高いお袋がいちばん嫌ったことでしょ。どれだけ不快な気持ちになるかわからない。やめなさい」と、何度も注意しましたが、まったく改まりません。このあたりから、父の精神状態はまともではないのではないかと感じ始めていました。

そんな状態が続いた後、母はようやく息を引き取りましたが、そのときの父の狼狽ぶりや落胆ぶりは本物だったので、母を愛していたことは間違いないのだとわかりました。

「買い物依存症」で老後資金を使い果たす

母の死の直後、父は口調も以前よりしっかりして、母が訴えていた認知症の兆候などはほとんど見られませんでした。妻も「お義父さん、全然問題なさそうじゃないの」と言っていました。身内から見てもそうなのですから、ましてや他人が見たら「この人のどこが認知症?」と思うでしょう。しかし、今思えば、父の認知症はあのとき確実に始まっていたのです。

葬儀などが一通り済んだ後、私は母の預金などはすべて父が一括相続していいという遺産分割協議書を自分で作成して署名捺印して渡し、福島の自宅に戻りました。

父に、これからどうするつもりかと訊ねると、「まずは住む部屋を借りる」と言います。

母が入院していた間、父は病院の近くにアパートを借りて、そこから病院に通っていましたが、実家には父の娘（私にとっては異父妹）が一人で住んでいました。

父にとっては血がつながっている唯一の子供ですが、物心ついたときから父のことを徹底的に避けて、一言も会話を交わさないまま何十年も経っていました。まともに仕事を続けた経験もなく、母が生きていたときは完全に母にパラサイト状態で暮らしていました。

そんな娘と一緒に暮らすなんてありえないと、父はすぐに横浜市内にワンルームマンションを借りてそこで一人暮らしを始めました。

私はその部屋の家賃が6万円台であることを確かめ、父の年金の金額を確認し、これなら年金だけで十分暮らしていけるだろうから、今後、入院や介護施設に入らなければならない事態も考えて、預金には極力手をつけないようにと言いきかせました。

しかし、これが甘かったのです。

父は1年もしないうちに別のマンションに引っ越すと言い出しました。家賃は10万円だといいます。広いLDKと6畳の和室という、一人暮らしには贅沢すぎる物件でしたが、年金がおよそ月20万円あるので、老人の一人暮らしなら家賃の他に生活費10万円で十分やっていけるだろうと思い、同意し、賃貸借契約の保証人になりました。

母が生きている間、自分の稼ぎで建てた家なのに居場所がなく、夜中に一人暗い台所で納豆飯を食っている姿を見ていたので、人生最後の時間くらい自分で稼いだ金を自由に使って楽しんでほしいとも思いました。

ところが、たまに訪ねていくたびに、一人暮らしには不相応な巨大なダイニングセットや書棚など、立派な家具が増えています。しかも、一度見た家具が、次に行くとなくなっていて、別の家具になっています。

これは異常だと気がついて、何度も注意しましたが、そのたびに「わかったわかった」

「うん、これからはもう買い物はやめるよ」などと答えるばかりで、いっこうに浪費がとまりません。

そして7年後、ついに預金がゼロになっていたのです。

母が亡くなった時点で、父の預金は4000万円くらいあったはずです。それがゼロです。正確には総合口座の定期預金100万円に食い込んで、普通預金はマイナスでした。

これにはさすがに、驚くよりも怒りを覚えました。

そうこうするうちにも毎月、無駄な自動引き落としが続いているようなので（第6章で詳述）、残っていた数十万円の定期預金はカードで引き下ろせる限度までおろし、口座を別に作って年金はその口座に振り込まれるように手続きしました。そうしないと年金が入るたびに、自動引き落としでたちまち金が消えるからです。その手続きのために私が住んでいる日光（そのときには福島から引っ越していました）と父のいる横浜の往復するだけでも大変でした。

それにしても年金が月額20万円弱あるのに、4000万円くらいあった預金をたった7年で、しかも「買い物」だけで使い果たすなどということがありえるのかと、最初は信じられませんでした。人に話してもなかなか信じてもらえません。「それは絶対おかしいよ。誰かに騙し取られたんじゃないの？」と言われます。

そう考えたくもなりますが、そうではありませんでした。ときどき娘が金の無心に来て、数万円ずつ渡していたとのことですが、それ以外は見事に自分で使いきっていたのです。

家族崩壊

父が借りているマンションの家賃は、ある時期から11万円に上がっていました。

逆に年金の手取り額は少しずつ減っていて月に約18万円に。これからどうするつもりかと訊くと、「家を売る」と言います。

しかし、父の名義になっているその家はいわゆるゴミ屋敷で、車も横付けできない狭隘《きょうあい》地に無理矢理増改築を重ねた欠陥物件ですから、不動産的価値はほとんどありません。しかも、家には父にとっては「経済的虐待」要因になり得るパラサイトの娘がいて、父娘関係はずっと破綻したままです。となると、選択肢としては、①娘にある程度の金を渡してどこかに引っ越しさせ、家を処分して金を作り、自分は今よりも安い部屋に移るか、浪費を改めて今の部屋に住み続ける、②娘を今のマンションに呼んで二人で暮らし、家を処分する、③家に戻って娘と同居する……の3通りが考えられます。

父は悩んでいましたが、「やはり家は売ろうと思う」と言います。そこで、まず自分の娘とちゃんと話し合うことから始めること、ゴミ屋敷状態のままで家を売ることはできないのだから、壊して更地にするか、少なくとも家の中を空っぽにしてから「現況有姿」で売るしかないこと、そのためには相当な金が必要で、売れなければ借金を増やすだけになること、また売れたとしても処分のためにかかる費用を考えたら残る金はごくわずかであることなどを説明しました。そんなリスクを冒すくらいなら、今のままで家賃以外の生活費を7万円以下に抑えて暮らし続けるのが最良の解でしょう。

父も、一時は「そうだね」などと言っていましたが、買い物依存症は治りませんでした。新しい口座を作らせた後、本人には生活するためにキャッシュカードを渡しましたが、一度に10万円以上の出金はできないようにしました。同時にネットバンキングの手続きをして、こちらで常に口座の入出金状況を確認できるようにもしました。

これでなんとか収まるかと思いきや、まったく甘かったということがすぐにわかります。毎日のようにATMで金を引き出し、月末には家賃を払えなくなっているのです。

私は日光市に住んでいて父とは簡単には会えないので、電話で何度も注意するのですが、最後は「贅沢なんて一切していない！」と逆ギレする始末です。

暗澹《あんたん》たる気持ちのまましばらく放っておくと、今度は「正月にも電話一つもよこさない」と怒ります。

その頃には、父は家を処分すると言ったことをすっかり忘れ、マンションを引き払って家に戻り、長い間会話もできなかった娘との関係を修復しつつ、一緒に暮らすと主張していました。「（自分の）家に戻れば家賃はかからない」というわけですが、私は到底無理だと思いました。案の定、半年経っても1年経っても、父娘がしっかり話し合った様子はありません。後からわかったことですが、ある時期から父が電話をしても一切出なくなり、直接家に訪ねていっても居留守を使われてドアを開けてもらえなかったようです。

親のXデーは死んだ日ではない

そんな最中、父から電話がありました。

「びっくりしないでね。実は明日、下肢静脈瘤という病気の検査で病院に行かなければならないんだけれど、そのときに家族の人に一緒に来てもらうように言われたんだ。よしみつ、来られるかな？」

下肢静脈瘤なんて初耳でしたし、いきなり明日と言われても、こちらは日光市在住ですから、簡単には行けません。

どういうことなのかと訊いても答えがさっぱり要領を得ないので、一旦電話を切って病院に直接電話してみました。病院側の説明はこうです。

数日前に父は下肢静脈瘤を悪化させて、かかりつけの病院からタクシーでこちら（総合病院）の心臓血管外科に回されてきた。見ると皮膚が壊死《えし》しているひどい状態で、そのまま緊急入院を勧めたが、父は入院は嫌だと言い張って、化膿した脚でそのまま帰ってしまった。病院としては、あそこまで悪化していると通院処置では無理だし、一人暮らしだというので、次に来るときに家族の人に一緒に来てもらい、そのまま入院手続きを取ってほしい、と。

説明を受けても今ひとつ理解できないまま、翌日、横浜市の病院に出向きました。待合室で会った父は笑顔で、ゆっくりとではあっても杖も使わずに歩いていました。その後、処置室に呼ばれ、一緒に入ったのですが、そこで父が脚を見せるためにズボンを脱いだ途端、ムッと腐臭がたちこめました。

父の脚を見て驚きました。両脚とも真っ黒に色素沈着して焦げた枝のようになっているだけでなく、片脚は広い範囲で皮膚が化膿し、肉が見えている状態でした。

担当医の説明では「うちの病院では年間１００例くらい下肢静脈瘤の手術をしていますが、ここまで悪化させた例は初めて見ました」とのこと。

このところずいぶん歩くのが遅くなったなあ。さすがに歳で体力が落ちてきたのかと思っていましたが、実はこういうことだったのです。

父は手術すると聞いてますます入院を嫌がりましたが、説得し、入院させました。

今思えば、この日がまさに「Ｘデー」でした。

子供にとって、親のXデーは死んだ日ではありません。認知症地獄、介護地獄が始まる日がXデーなのです。

買い物依存症＋認知症の合わせ技

父を入院させた後、私は父の部屋に行き、部屋の中をざっと確認しました。

父はすでにマンションを出ると大家さんにも通告し、引っ越しをするために所持品の多くは処分したと言っていましたが、そう宣言して1年経っても部屋にはものがあふれていました。

閉口したのは、尿漏れパッドや紙オムツを突っ込んだビニール袋が部屋の至る所に押し込められていたことです。風呂場にもオムツの山が置かれ、すごい悪臭を放っていました。他にも押し入れはいうにおよばず、万年床の枕元、足下、テーブルの下、机の下……と、隙間があればあらゆるところに紙オムツの詰まったビニール袋が押し込まれています。

冷蔵庫からシャンプーが出てきたり、下駄箱から腐った牛乳が出てきたりするのは、まあ認知症だから仕方がないと思えますが、使いもしないもの、それも同じものをいくつも買っているのには驚かされました。スケッチブックや高級な日記帳、絵の具、筆記具などの文具類は、ほとんどが手をつけていない状態で、同じものがいくつも出てきます。

梱包を解いていない衣類ハンガーや組み立て家具類もありました。それもすでに同じようなものがあり、もう置く場所がないのに買っているのです。

同じ電気スタンドが何個もあったり、一人暮らしなのに炊飯ジャー（それも高級品）が複数あったり、使いもしないのにビジネスバッグやスーツケースなどもいくつも、中には同じモデルが色違いで2つありました。私はその手のものにはまったく詳しくないので後になって知ったのですが、そのすべてが一個数万円するブランドものでした。

ノートパソコンは4台出てきて、中にはセットアップすらできていないものがありました。しかもどれもACアダプターが紛失していて使えません。

窓をロックする補助錠とか南京錠がパッケージごと複数出てくるのですが、そんなものを使える場所はそもそもありません。

日頃からお世話になっている隣室のNさん（父が入っている短歌の会の主宰者で大家さんの母親）の話では、ほとんど着ていない一着10万円はするようなスーツやオーバーコートを次から次へとゴミ捨て場に捨てていたので、見かねていちばん高そうな一着を拾って戻したとか。

Nさんも、これ以上はとても面倒みられないというので、父にも言って、そこから先の後始末は私が全部やることになりました。

日光と横浜を何往復もして、ゴミを捨て、家電や家具、大量の書籍などを処分しましたが、最後はどうにもならず、巨大な冷蔵庫や書棚などは片付け業者を呼んで撤去しました。その処分代に十数万円。なんだかんだで部屋を空っぽにするまでに数十万円が消えました。

しかし、これで父が退院後に戻れる場所はなくなったわけです。

どうすればいいのか？　疲労困憊の中で、必死に頭を働かせ、介護保険制度、介護施設の実態、年金などなど、今まであまり真剣に考えることのなかった問題を調べ、役所などに連絡を取る日々が続きました。

脳の病なのか性格の問題なのか

父の部屋に溜まっていたゴミの中には大量の薬もありました。それも大きなビニール袋に何種類も入って、まったく飲んだ形跡がないまま、引き出しやらテレビ台の下やら押し入れの奥やら、次から次へと出てくるのです。日付は古いもので一昨年くらい。つまり、もう長いこと、処方された薬をまったく飲んでいませんでした。

父は決して医者嫌いではなく、むしろ逆で、毎月必ずかかりつけの町医者のところへ行って健康診断を受けていました。

「まったくどこも悪くない」と、私には嬉しそうに報告し続けていましたが、実際には脳のＭＲＩ検査の結果もアルツハイマー型認知症で、処方された薬の中には認知症治療薬の「アリセプト」もありました。

そういうことを、私は父の部屋を片付けて初めて知ったわけです。

父の場合、やっかいなのは、普段の会話ではかなり知的な話題なども混じってきて、話している限りは認知症であっても軽度だろうと思えてしまうことです。

さらには、買い物依存症も、認知症ゆえなのか、もともとの性格に問題があるのかがよくわかりません。

母は生前、父と再婚する前のエピソードをいくつか話してくれましたが、その中には「高級品好きで収入以上の買い物をする」というものもありました。安月給で、市営住宅の長屋に母親と姉との同居。そんな生活なのに、給料をもらうと、先のことを考えずに常識外れの買い物をしてしまう人だった、と。当時の生徒たちが父につけたあだ名は「しゃれ猫」。

元来そういう性格なので、数年のうちに数千万円の預金を全部使い果たしてしまったことも、一概に「認知症だから」とはいえません。

都合の悪いことを隠したり、決断しなければいけないときに逃げて自分で責任を取らない、人によって言うことや態度を変えるといった性格も昔からでした。そのことで、母とは四六時中言い争いになり、母からは「まともな会話ができない」と突き放されていました。

私はそういう背景を知っていますから、父の行動を「認知症だからしょうがない」と簡単には許せない気持ちもあります。しかし、周囲の人たちはそうは思いません。「認知症になってしまったんだからしようがないのよ。きつく言ったらダメよ」と私を諫めてきます。何を言ってもその場では素直に聞いて「わかった。ありがとう」と答える父とどうつき合っていけばいいのか……父の部屋を片付けているときは、本当に心が折れそうでした。

心の飢餓感が生む生活破綻

父の場合、認知症よりも若いときからの買い物依存症や性格に問題の本質が隠れているのではないかと思い、買い物依存症については特に念入りに調べてみました。すると、幼いときの貧乏や飢餓の体験、愛情への渇望から買い物依存症になるケースもあるという説明を見つけました。

まず、幼いときに強烈な貧乏体験をすると、大人になって金を手にしてからは反動で消費欲を抑えられなくなることがある、というのです。

父は子供の頃は神童と呼ばれるほど成績優秀でしたが、家が貧乏で、親戚の家に預けられ、廊下に蒲団を敷いて寝ていたそうです。

金がないために高校には行けず、陸軍士官学校に入りました。16歳で終戦を迎えますが、その少し前、米国生活経験もある英語教師の父親が特高に監視されながら栄養失調で死んで、終戦後も貧乏状態は続きました。

その頃の貧乏体験が買い物依存症の引き金になったことは十分に考えられます。デパートなどで店員に丁重に応対されるだけで快感を覚え、人にかまってほしい、注目されたいという欲望が意味のない買い物という行動になってしまうケースもあるそうで、これもまさにあてはまります。

以前から横浜の短歌の会に入っていましたが、会の人たちからは「80代の高齢なのに教養があり、会話も楽しい」と、可愛がられていました。

会に出席するたびに新しい服や帽子に身を包み、みんなからお洒落っぷりを誉められるとまた有頂天になり、次はどんな格好で出かけようかとデパートを回る……。教師時代につけられたあだ名「しゃれ猫」ぶりが復活していたようです。

成績優秀で周囲からいつも誉められていた子供時代。しかし、貧乏や戦争、父親の早死になどで、その後は思うような社会的成功が得られないまま、仕事漬けの猛烈社員として高度成長期をひたすら駆け抜けた人生。

強かった妻が死んでからは自由の身になり、気がつくと周囲の年下（70代以下）の女性たちから誉められ、おだてられる生活。そんな中で、心の飢餓感を満たすためならいくらでも金を使うということになっていったのでしょう。

愛情への渇望が脳障害や生活破綻を引き起こすことがあるのはよく知られています。父はそれを浪費という形で発散していたわけですが、発散できずにこじらせた結果、自殺や周囲への暴力などに至ってしまう人もいます。

高齢者の自殺は鬱病型が多いのですが、私も鬱病の経験があるのでその心理はよくわかります。世の中が嫌になったから死ぬ、辛いから死ぬというより、死ぬことで自分を見てほしい、どれだけ辛かったか、悔しかったか、苦しかったかわかってほしいという心理なのです。

認知症の父と向き合って感じたのは、「認知症だからしょうがない」と突き放すだけでは決して事態はよくならないということです。

脳のＭＲＩを撮って、この部分が萎縮しているからアルツハイマー型ですね……といった医学的な診断をされ、薬が処方される。それでおしまい、ではなく、問題行動の裏にある心理を家族や周囲の人が理解しようと努力することで見えてくるものがあるはずです。

そこまで相手の心を読み取れれば、向き合う家族の精神状態もなんとか保て、双方が必要以上に傷を広げないつき合い方が保てるかもしれません。

第6章　大切な老後資金を奪われないために

高齢者の資産を狙うのは振り込め詐欺などの犯罪者たちだけではありません。

「合法的」に高齢者の資産を狙って搾取する「ビジネスモデル」がいくつも存在します。なけなしの老後資金を守る技術も必要です。

高齢者を食い物にする経済活動

父の空になった口座を過去に遡って調べていくと、いくつもの無駄、無意味な引き落としがあることがわかりました。

その最たるものはインターネット関連です。

父はもう何年も前からネットはまったく使っていません。パソコンが使えなくなったからです。また、ひかり電話も使っていませんでした。ルーターの設定がわからなくなって再起動もできず、どうしていいのかわからなくなって、ルーターの電源ごと引っこ抜いたままになっていました。電源をつないでいなければ利用料はかからないと思い込んでいたのです。

しかし、解約したわけではないので、NTT東日本のフレッツ光回線契約とプロバイダのOCN関連だけで毎月9000円以上自動引き落としが続いていました。

それに気づいてすぐに料金徴収をしているNTTファイナンスに電話をしましたが、何度かけても「ただ今混み合っております。恐れ入りますが……」の自動アナウンスが流れるだけでつながりません。父も相当憤慨して何度も電話したようですが、やはりつながらないと言っていました。

仕方なく、引き落とし不能なら自動解約になるだろうと思っていたところ、しばらくすると都内の弁護士事務所名で督促状が届くようになりました。「指定日までにお支払いいただけない場合は、やむなく法的手続きを検討せざるを得なくなる旨、念のため申し添えておきます」と書いてあります。

解約申し込みの電話を何度かけても「ただ今混み合っております」でつながらず、自動解約はさせず、未使用状態の回線料金徴収を弁護士事務所に丸投げする……。なんでしょうこのやり方は。私は憤慨して、父にも「無視していていい」と言ったのですが、父は結局根負けして支払ってしまいました。

その後ようやくＮＴＴと電話がつながったのか、ルーターも梱包して指示通り送り返し「清々した」と言うので、これで片付いたかと思いきや、ルーターを返却した後になっても、まだ弁護士事務所からの督促通知が届きます。

内容を確認すると、「ＯＣＮマイポケット」（ストレージサービス）、「ＯＣＮプレミアムサポート」（電話などによるパソコンサポート）、「０５０あんしんナンバー　ｆｏｒ　ＯＣＮ」（ケータイや固定電話の番号の代わりをするダミー番号付与）などなど、ありとあらゆるオプションサービスが並んでいます。父はプロバイダを選ぶとき、「ＮＴＴ系列なら安心だ」と決めたそうですが、なんとも皮肉です。回線契約を精算してもプロバイダ契約は残り、弁護士事務所から督促状が届き続けるのですから。

某パソコン販売チェーン店が80代の独居老人を相手に月額1万5000円という高額なサポートサービスを結ばせ、息子が気づいて解約しに行くと10万円の違約金を取られたという事例がありましたが、同じようなことがあらゆるところで起きているのです。

携帯電話関連の複雑な契約システムなども高齢者にはほとんど理解不能でしょうから、利用状況とかけ離れた契約内容で損をしていないか、家族が十分に注意する必要があります。毎日長電話する人は通話時間無制限の定額サービスに切り替えないと通話料金がかさんで大変な損をしますし、逆にほとんど使わずに電源も切っているような端末の契約に高額な基本料金を払い続けているケースもあります。

さらには、ショップ系や交通系などのプリペイドカードも要注意です。父の部屋からは、チャージしたまま使った形跡のないプリペイドカードが何枚も出てきました。中には、一定期間使わないとチャージした金額が全部無効になるというカードもあります。

他にも、父の口座からはあるスポーツジムの会費が毎月引き落とされていましたし、作ったまま使わないのに年会費だけ払い続けているクレジットカードの存在も浮かび上がりました。そのカードをすでに紛失している場合などは、家族による解約は困難です。

高齢者によるこうした「死蔵金」の総額は莫大なものでしょうが、それもまた日本のGDPに貢献しているのでしょうか。

弁護士も群がる認知症老人資産

さらに驚いたのは、父が弁護士に大金を取られようとしていたことです。

発端は、実家に一人で住んでいる妹が、亡くなった母親名義の預金を複数口見つけたことでした。

母名義の預金については、前章で触れたように、母の死後、私は父が一括相続するようにする遺産相続協議書を作成して署名捺印し、父に渡しましたが、父はその後、何もしていなかったのです。

母の死後、妹は何度も父のところに金の無心に行き、その都度、父は数万円ずつ渡していたようなのですが、彼女は母名義の預金の存在に気づき、それを自分が引き出せるように弁護士に相談したようなのです。

私がまったく知らない間にその弁護士Kは父のもとを訪れ、「遺産分割示談交渉事件」などと勝手に名前をつけ、着手金・報酬金・日当合計で軽く100万円を超えるような内容の契約書類に署名捺印させていました。

父の部屋を片付けていたときその書類が出てきたので問い質したのですが、父は「知らない」「ハンコなど押してない」の一点張りで埒《らち》があきませんでした。

妹が母の預金の存在を調べたきっかけは、私が妹にあてた手紙です。そこに、父の認知症が進んでいること、預金を使い果たしたことなどを記し、これ以上実家の固定資産税や光熱費などを払うこともできないから、今後どうすればいいのか父と会ってしっかり相談しなさいと書いたのですが、妹はそれをそっくりそのままK弁護士に見せたのです。つまりK弁護士は、妹から話を持ち込まれた時点で、父が認知症であることを認識していました。

その上で、母の実子で法定相続人の一人である私にはまったく何も告げず、認知症であるとわかっている父の「一本釣り」を始めたわけです。なんと、父に成り代わってあらゆる預金口座の操作ができるという全権委任状にも署名捺印させていました。それを見つけたときにはさすがに背筋が凍る思いでした。

そもそも「示談交渉事件」など起きてもいませんし、私は母の残した預金が父に渡っていないことを知りませんでした。母の預金が相続されていないのであれば、法定相続人3人が集まって話し合えばいいだけのことで、弁護士が介入する余地などありません。

状況が判明してすぐに、私は神奈川県弁護士会に苦情申し立て手続きを取りました。

K弁護士は私が妹にあてた手紙を読み、父が認知症であることと母の預金があることを知った。その状況で、認知症であるとわかっている父に近づいて契約書類に署名捺印させている。これは倫理上どうなのか、と。

苦情申し立ては受理されました。しかしこれは弁護士会の内部でそういう事例があったということが記録されるだけです。

K弁護士はその後も執拗に父に接近してきましたが、父が介護施設に入り、電話もブロックするようになって、以後、この件は塩漬け状態です。

テレビをつければ毎日のようにあちこちの弁護士事務所のCMが流れます。内容は高利貸しへの過払い金返還請求代行や国に対してのB型肝炎訴訟給付金請求代行。

今や弁護士の仕事は金の取り立てがメインになっている観がありますが、先述のNTT回線使用料や付加サービス契約料の取り立てを弁護士事務所に依頼している件などもあわせ、取り立てのターゲットが認知症老人であるケースも多々あるでしょう。

バブル期の「お宝保険」が狙われる

日本中がバブル経済に浮かれていた1980年代後半、医療保険としても使え、かつ満期時には掛け金より多い満期金が支払われるという、今では考えられないような好条件の「養老保険」というものがありました。業界では「お宝保険」などと呼ばれています。

バブル崩壊後、こうした保険がそのまますべて満期を迎えてしまうと保険会社は破綻しかねなくなったため、1990年代後半くらいからはさかんに、もっと利率の低い保険に契約変更させる「保険の見直し」キャンペーンが行われました。その際、保険会社が「保険の見直し」をさせる道具として使ったのが医療関係の保障です。「日本人の死亡原因トップは癌で、二人に一人は癌で亡くなります。健康保険ではカバーできない高額な癌先端治療などに備えて、新しいタイプの保険に乗り換えてはいかがでしょう」……といった口説き文句。

言葉巧みなセールスに負けて、せっかくの「お宝保険」を低利率の保険に乗り換えさせられてしまった人がたくさんいます。しかし、うまく乗り切れた人もいるでしょう。

この「お宝保険」がいよいよ満期になると、保険会社は改めて契約者に新たな保険を持ちかけてきます。「満期金が500万円ありますが、これを一時払い金として一生の保障を得られる医療特約つきの死亡保険になさいませんか」……と。

30年も前に入った保険でほとんど忘れていたし、死ぬまで医療費のことを心配しなくてよくなるならいいかしら、という気持ちで乗り換えてはいけません。

日本はまだ国民皆保険の国です。どんなに高額な医療費がかかっても、「高額療養費制度」というものもあり、70歳以上で年収が156万～約370万円なら、入院しても世帯単位で月額5万7600円が上限です。

健康保険適用外の「高額な先端医療」というものもよく話題にされますが、そういうものを実際に受けた人は総人口の0・02%に過ぎません。「先端医療」というと聞こえはよいですが、そもそも治療効果がはっきり証明できていないから保険適用外というものも多いわけで、特に終末期に使うことには疑問があります。

であれば、保険会社の口車に乗せられず、しっかり満期金を受け取って、そのお金は別口座を作って預金しておいたほうがはるかに安心ですし、いざというときに、簡単、柔軟に利用できます。

今の日本では若い世代は金を持っていません。年金がしっかり給付され、預金も持っている老人をターゲットにしたビジネス、時には詐欺まがいのビジネスが大きな市場を形成しています。銀行、大手証券会社、保険会社といった、従来の感覚だと「社会的に信頼できる一流企業」も、判断力が鈍っている高齢者の資産を「合法的に」吸い上げる商法を展開しています。合法的である以上、後から失敗したと気づいても、訴えることはできません。

そういう時代に生きているのだということを、しっかり肝に銘じておきましょう。

家族も被害者になる特殊詐欺の怖さ

父のことで手一杯になっている最中、義母（妻の母親・80代）が詐欺グループに大金を騙し取られるという事件が発生しました。

義父の死後、義母は神奈川県内の自宅で一人暮らしですが、家にやってきた警察を名乗る詐欺グループに、なんとキャッシュカードを暗証番号つきで渡してしまったのです。

見知らぬ人間にキャッシュカードを渡してしまうほど義母の認知症が進んでしまっていることに、家族（妻や妻の妹）は思い及びませんでした。

義母本人も、日頃から「振り込め詐欺に引っかかるような人って、バカじゃないのかしら」と言っていただけに、自分が簡単に餌食にされて相当ショックだったようです。

一大事になって初めてわかるのがこうした金銭管理能力の喪失です。

普段の会話は普通にでき、食事を作ったり趣味をこなしたりもしている。まだまだ大丈夫だと本人も周囲の人も思っているので、状態の把握が遅れます。

さらに、金の問題は、周囲の人たちへの疑心暗鬼、自尊心、生活不安といったものに直結するだけに、本人が思っている以上に脳が正しい判断を下せなくなるのでしょう。

老人を狙った詐欺はこれからも増え続けます。これだけニュースになっているのだから、いい加減、防止できそうなものだと思うかもしれませんが、義母の例を経験した今はとてもそうは思えません。

義母には安全のためにもサービス付き高齢者向け住宅（サ高住）か有料老人ホームにでも入ってもらいたいところですが、本人はどうしてもそれは嫌だと言ってききません。

こうなる前に、家族がしっかり話し合って、金の管理をどうするかという取り決めを交わしておく必要を痛感しました。少なくとも、口座から一日に引き出せる限度額を低く設定しておくなどの措置は必要です。

義母からキャッシュカードを騙し取って大金を下ろした犯人は後日捕まりました。

しかし、捕まったのはあくまでも実行犯（出し子）で、犯人グループが一網打尽になったわけではありません。逮捕した場所は青森県の八戸だそうですから、関東だけでなく、全国を股にかけて犯罪を展開していたようです。

認知症高齢者をターゲットにした振り込め詐欺などを、警察では「特殊詐欺」と呼んでいます。特殊詐欺の被害総額は、2016年で約406億3000万円です（警察庁）。届け出のない被害が相当数あるでしょうから、実際にはこれよりはるかに多いでしょう。

詐欺犯たちは、自分たちが歳を取ったときには年金も医療保険も介護保険もボロボロになっているであろうことを知っています。そういう社会を作ったのは今の高齢者たちだ。彼らは高度成長時代にしっかり金を貯め、払った金額以上の年金や保険のサービスを受けている。その金は自分たち若い世代から巻き上げている。お先まっ暗世代である自分たちが金持ち高齢者から金を奪うのは、いわば正当防衛に等しい……。おそらくそんな理論武装をして、罪の意識を軽減させています。

こうした社会背景や世代間ギャップがある限り、この手の犯罪は増え続けるでしょう。

生前贈与という「預金」方法

認知症で金銭管理能力が低下していても、多くの人は、最後まで自分の金は自分で管理しようとします。身体が動かなくなっても、多少惚けが進んでも、金の管理はできると思い込んでしまうのです。

私は母がまだ元気なときに一度、「どこにいくら預金があるのか、教えておいてくれないといざというときに困るよ」と言ったのですが、母は「それは言えないわよ」と拒否しました。そこまで息子を信用しないのかと呆れ、それ以上は私も訊きませんでした。

結果、母の預金は見つかるまでに10年かかり、その存在を知った弁護士が勝手に「遺産分割示談交渉事件」などという存在もしない事件の名目で認知症の父に全権委任状のような契約書を持ち込んで署名捺印させていたという件はすでに書いた通りです。

母が誰にも教えなかった預金口座は複数口あり、その中には父の退職金の一部や伯母（父の姉＝第1章参照）が残した預金も含まれていました。母は、それらを浪費癖のある夫ではなく、生活能力がない（と母が勝手に決めつけてマインドコントロールしてきた）娘に残したいと考えていたのだと思います。行為のよしあしは別として、そうしたかったのなら、自分の認知症が進む前に生前贈与しておけばよかったのです。

　子供を受取人に指定して一時払いの生命保険にするという方法もあります。ただし、不測の事態が起きてその金を使おうとしても、解約すると受取金が元金を割り込んで損をするというリスクがあります。

　子供に無条件で財産を与えることに抵抗があるなら、子名義で新たな口座を作り、そこに入れた自分の金は自分が介護保険の被保険者になるまでは手をつけない、などの条件を取り決めた契約書を親子の間で交わすという方法もあります。その通帳を親が持ち、金は引き出せないが、ＡＴＭでいつでも残高をチェックできるように「可視化」しておくというのもいいでしょう。こうしておけば、法的には子の財産であっても、親の頭がしっかりしているうちは親がそれを監視でき、親が金銭管理能力を失った後には子が何の手続きも経なくても親の介護などに使えます。

　もっとも、私は父に再三「預金口座の可視化」を進言していましたが、そのたびにうやむやにされ、完全に使い果たした後になって「金はもうない」といきなり告白されましたので、簡単なことではないことは承知しています。

　父の場合は、さらに後日談があります。

　父が預金を使い果たしたことが発覚した後は、これ以上金を使い過ぎたり騙し取られたりしないよう、口座を可視化して私が見張れるようにしておいたのですが、それからしばらくして、なんと、父は私に黙って別口座を作り、年金の振込先を変更していたのです。

問い詰めると「だって、あの口座は10万円以上の金を送金できないようになっているから」と言います。

まんまと裏をかかれました。認知症なのに、そういうことはできてしまうのかと驚くと同時に、口では「いろいろありがとう」と言っておきながら、心の底では私のことを信用していないのかと、深く傷つきました。

「送金ができないから」と言うからには、誰かに送金するためにやったのかもしれませんが、父は都合の悪いことはとことん隠し通す性格なのでわかりません。誰かに指示されてやったのであれば、私が気がつくのが遅れれば、最後の砦である年金も騙し取られていたかもしれません。

前出のHさんは、父親の年金が振り込まれる口座を自由にできないため、今も父親の入院費用などは自分のなけなしの預金を崩しながら払っているそうです。

Hさんが父親の口座を調べると、数年前から急に大金が引き出されるようになっていて、おかしいと思って金融機関の窓口に行って確かめると、窓口にはいつも女性と二人で現れ、その女性がHさんの父親の年金口座から大金を引き出していたとのこと。職員は、二人は当然夫婦だと思って、特に身元確認などはしなかったそうです。

その女性は以前からHさんの父親の世話を買って出て、実際に世話を焼いてくれていたそうなので、Hさんは「介護代だと思って諦めた」と言っています。

金はトラブルを生みますが、トラブルに対処するにも金は必要です。いざというときに親の預金が空になっていた、などということがないよう、親の頭がしっかりしているうちに十分話し合い、防止策を講じておくことが必要です。

成年後見制度の恐ろしさ

認知症などで正しい判断ができなくなった人に「後見人」をつけて金銭や不動産の管理をさせる「成年後見制度」というものがあります。

この制度は、介護保険制度ができた２０００年に始まりました。

それまでは、高齢者福祉は役所主導で行われていましたが、介護保険制度が始まると、利用者が施設やサービス提供事業者を自由に選び、「契約」する形に変わりました。しかし、認知症老人が一人でそうした判断や契約をするのは無理だということで、成年後見制度というものも同時にスタートしたわけです。

介護が必要な老人に家族がいない場合などは、市区町村長が後見人選定の申し立てをすることで介護サービスなどを受けられるようにします。しかし、自治体の長が申し立てる割合は全体の約17％に過ぎません。申し立てをする約8割は本人を含めた親族です（内閣府成年後見制度利用促進委員会事務局「成年後見制度の現状」２０１６年9月）。

ところが、制度発足後、この制度そのものがトラブルの原因となることも起きてきました。第三者後見人を立てることで、家族や親族が認知症老人の年金や預貯金を使い込んだり、生前贈与を巡って争いが起きたりすることを解決するといった、当初はあまり想定されていなかった目的で後見制度が利用されるようになったためです。

家族や親族が認知症老人の財産を勝手に使い込むことを防ぐための第三者後見人――、これを逆の視点で見れば、後見人をつけることで家族は本人（被後見人）の財産を自由に管理できなくなるということです。

成年後見制度には、被後見人が正常な判断力があるうちに、自分の意思で後見人を選出し、公正証書による契約を結んでおく「任意後見制度」と、家庭裁判所が後見人の選出を行う「法定後見制度」があります。しかし、本人が指名する任意後見の場合でも、後見人は家庭裁判所が選任する「任意後見監督人」の監督の下で動くことになるため、本人や家族の意向がそのまま反映されるわけではありません。

また、被後見人は、弁護士、司法書士、弁理士、行政書士、公認会計士、税理士、医師、

薬剤師、社会福祉士、介護福祉士といったいわゆる「士」業にはつけなくなり、株式会社の取締役や監査役（役員）だった場合は自動的に解任されます。しかし、株式の保有など財産権はありますから、大株主であった会社役員が認知症になって後見人がついた場合などは、会社と無関係の後見人が実質大株主として株主総会での議決権を持つという状況も生まれます。また、一旦後見人が決まった後は、本人（被後見人）の生前贈与、養子縁組、生命保険契約といった、よく知られた節税対策が一切できなくなります。

後見人選任は家庭裁判所を通じて行われ、一般には弁護士、司法書士、社会保険労務士などが選ばれますが、そうした「プロ」への報酬は最低でも月額2万円程度、財産の額によっては5万円を超えることもあります。この報酬額も家庭裁判所が決めます。

被後見人の年金や預貯金を生活費に充てていた家族は、金銭管理が後見人に移るため、今までのように使えなくなります。成年後見制度はひたすら被後見人の財産を守るために機能するので、たとえそれまで生計を共にしていても、家族の生活のことなど考慮に入れてくれません。さらには後見人に毎月数万円の報酬を支払い続けなければなりません。

そこで被後見人やその家族が「こんなことなら後見人などつけるのではなかった」と後悔しても、後見人を解任するためには家庭裁判所を通じて面倒な手続きをしなければならず、しかも「報酬が高すぎる」などという理由ではまず解任できません。ケアマネジャーとの契約のような感覚で後見人申請をしてしまうと、取り返しのつかないことになりかねません。

成年後見制度を仕事（ビジネス）と考えるプロ後見人にしてみれば、被後見人を家族から切り離したほうが面倒が減るため、被後見人やその家族の意向に反して遠方の特養やグループホームなどに入所させるケースもあります。

被後見人が施設に入ってしまえば、後見人の仕事は毎月家庭裁判所に財産の報告をするくらいで、一気に軽減されます。一方で、入所させられた本人が鬱になったり、今まで家で介護していた家族は親の年金や預貯金が使えなくて生活費が足りなくなったりします。

繰り返しになりますが、こんなトラブルを抱え込む前に、まずは信頼できる家族に生前贈与するとか、預貯金を可視化して相互にチェックできるようにしておくことを強く勧めます。

認知症になってしまえば贈与契約もできませんから、頭がしっかりしているうちにやっておくことです。

第7章　老後破産しないための経済学

歳取ってから死ぬまでの期間、頼れるものは金です。いわゆる「老後破産」をしてしまったら、幸せには死ねません。

親の介護で金と体力を奪われ、自分の寿命を縮める人たちも急増しています。少しでも金を節約して楽しく生き延びるための技術が必要です。

80代の親の面倒を60代の子がみる時代

稼げなくなってから死ぬまでの間、一体いくらお金があれば「普通に」暮らせるのでしょうか。総務省の家計調査では、2人以上の世帯が実際に1ヵ月で使う生活費は約27万円、年間では約324万円だそうです（総務省統計局家計調査報告、2017年）。

少し慎ましく暮らして300万円に抑えたとしても、**30年なら9000万円が必要になる**計算です。そんな貯蓄を持っている人はごくわずかでしょう。

年金でどこまで補えるかがポイントになりますが、厚労省のモデルケースでは、夫婦2人で1ヵ月の年金支給額が平均約22万円とされています。しかしこれは厚生年金などを受給できる場合の話で、自営業者など、国民年金だけの場合は満額受給でも1人月額6万5000円以下、夫婦2人合わせて13万円以下です。実際には年金ゼロの夫婦世帯もたくさんあります。

厚労省が想定する月額22万円の年金をもらえる夫婦世帯でも、果たして今後ずっとその金額をもらい続けられるでしょうか。年金の手取り額がどんどん減っていき、早晩破綻するのははっきりしています。自分はいくら受給できるのかを冷静に予測・計算することは必須ですが、国民年金だけの人、あるいは年金ゼロの人は計算するまでもありません。

現在、年金ゼロの私が年金約２６０万円（控除前）の父の面倒を見ているように、これからは60代70代の老人が80代90代の老人の面倒をみるというのがごく普通になります。

現在40代半ばの団塊ジュニアと呼ばれる人たちが、認知症の親と、収入のない10代、20代の子供の両方の面倒をみるケースも急増します。その人たちがリタイアするときには、年金制度も介護保険制度もガタガタになっているわけで、収入は減り、介護や医療にかかる金は増えていきます。

80歳の母親を55歳の息子が面倒みなければならないとします。80歳女性の平均余命は11年以上です。11年後、息子は66歳になっているわけですが、親を看取る前に自分が癌や心筋梗塞で死んでしまう、あるいは認知症になってしまうことは十分にありえます。

自分のほうが長生きしたとしても、親の介護で金と体力を使い果たし、自分の番になったときは為す術なしという事態も避けなければなりません。

私が知っているある50代の女性は、共働きで勤めていますが、70代の母親と、その母親と同居している90代の祖母を相手にしなければならず、それとは別に夫側の両親もいる。しかも30代の自分の子は一応自立しているものの、非正規労働者で貧困層……発狂しそうだと吐《と》露《ろ》していました。

こうした状況が普通になってきているのに、国の福祉関連費用はじり貧で、破綻寸前というのが現実です。

「2025年問題」は乗り切れない

2025年には団塊世代が75歳を超えて後期高齢者人口が2200万人、65歳以上の高齢者人口は、3500万人（人口の約3割）になります。

要介護認定を受ける高齢者の数が780万人に、認知症人口は675万人（最大で730万人、軽度認知症を加えると1300万人）になると推計されています（「日本における認知症の高齢者人口の将来推計に関する研究」厚生労働科学研究費補助金（厚生労働科学特別研究事業）九州大学大学院二宮利治教授、2015年）。

社会保障費は今よりざっと3割増え、それに伴って介護保険料も増えます。65歳以上（第1号被保険者）の月額保険料は、2000年に2911円（全国平均。以下同）だったものが、15年には5514円になっており、2025年には8200円程度になると予想されています。どれだけの世帯がこの負担に耐えられるでしょうか。

団塊の世代が75歳を超えることで起こる様々な問題は「2025年問題」と呼ばれ、有効な対応策がないままその時を迎えようとしています。東京オリンピックだの何だのと言っている場合ではないのです。

内閣府発表の「高齢社会白書」を見ると、社会保障給付費のうち、高齢者関係給付費（年金保険給付費、高齢者医療給付費、老人福祉サービス給付費及び高年齢雇用継続給付費の合計額）は毎年1・5兆円以上増え続けています。

2014年度の高齢者関係給付費は76兆1383億円ですが、これを同年度の高齢者（65歳以上）人口3296万人で割れば、1人あたり約231万円。一方、それを支える労働者人口は約6500万人で、1人の老人を2人の就労者が支えているという構図です。

私は父の介護問題を通して、医師、看護師、介護士、ケアマネジャー、介護保険の認定員、介護施設の施設長や介護責任者、事務職員など、多くの人たちと接しましたが、彼ら全員、異口同音に「今の70代、80代の人たちは幸せですよ。私たちが介護される年代になったときは、今のような医療や介護、年金は到底無理なんですから」と漏らしていました。

実際、現在、父の介護のために使っている金額（自己負担額）は月に約20万円で、これはすでに父の年金受給額を超えています。介護計画書を作成してくれているケアマネジャーの女性は、書類を見ながらため息交じりに「私には到底払えません」と言っていました。

自分たちが歳を取ったときは今のようには面倒みてもらえないということをいちばんよくわかっている人たちが、笑顔で認知症老人たちに接する姿には本当に頭が下がります。

在宅医療専門クリニックに勤務している医師で作家の久坂部羊《くさかべよう》氏はこういいます。

介護も医療も、資源です。無尽蔵にあるわけではない。老人や病人が増えすぎて、今や需要と供給のバランスは完全に崩れています。(略)
だれもが長生きする権利はある、だれもが安心して老いられる、だれもが十分な介護と福祉を受けられる。そんな欲望肯定主義に、社会が振りまわされているのではないでしょうか。社会の実力以上の負担を背負い込み、かつ理想を求めすぎているのでは?(『日本人の死に時　そんなに長生きしたいですか』幻冬舎新書、2007年)

システムを合理的に改善すれば、今の日本が福祉崩壊せずに生き延びる道はまだまだあるはずだと思いたいところですが、少なくとも私が生きている間には無理でしょう。その覚悟で、現実と向き合わなければなりません。

老後破産が起きる原因

年金が足りない、もらえないというのは老後破産を引き起こす最大の要因ですが、他にも、実際に直面してみるまでは想像しづらい原因がいくつもあります。

①想定外の医療費

保険適用外の医療は依頼しないとしても、民間健康法でよいとされている健康食品（癌ならフコイダン、認知症ならフェルラ酸など）や保険適用外の漢方薬などを購入することになるかもしれません。自分はそんなものには頼らず自然に任せるなどと思っていても、愛する家族のためとなれば金に糸目をつけず、よいと聞いたものはすべて試してみる人はいっぱいいます。

②借金がある

住宅ローンが返済しきれていないとか、自営業者なら事業の運転資金を借りて返せないまま働けなくなった……などなど。

③子供がパラサイト

子供に多大な教育費をかけたにもかかわらず、その子供がいつまでも仕事をしない、あるいは稼げないために、成人した子供を食わせるために金が出ていく。

④親の介護で金を使い果たす

介護費用が親の年金収入や預金を上回り、自分の老後の蓄えがどんどん減る。

⑤熟年離婚

慰謝料や財産分与で想定外の金が出ていく。

⑥給与所得者時代の金銭感覚をリセットできない

稼いでいた時代の感覚で無駄な金を使ってしまう。真面目な会社人間だった人ほど、日常生活のものやサービスの適正価格を知らないので簡単にカモにされる。

⑦天災・事故などでの財産喪失

地震や風水害で家を失ったり、思ってもいなかった修繕費などがかかる。

……こうしたケースはごく普通にありえます。

中には防ぎようのないものもあるでしょうが、破産する前に金がなくなる原因をしっかり認識できているかどうかが大きな鍵です。

再就職・転職は考えない

国民年金のみの人、あるいは年金ゼロ老人の多くは、自営業や独立した職人さんなどです。フリーランスのライター、イラストレーター、カメラマンといった人たちも厚生年金とは縁がありません。私もそうですし、私の周囲にはそういう人たちがたくさんいます。

稼げなくなった後は預金を切り崩して生き延びるしかありませんが、預金の切り崩し分を少しでも減らすために、完全な無収入状態ではなく、小銭程度でも稼ぎ続ける努力をすることになります。

しかし、老人を雇ってくれるところはないですし、あっても労働に対する対価が低いものばかりでしょう。ただでさえ体力や頭の働きが落ちているのに、低賃金労働に時間を取られて疲れ果てるだけの老後生活はあまりにも悲惨です。

であれば、「雇ってもらう」という発想はキッパリ捨てることです。

私のように社会に出てからずっとフリーランスで生きてきた人たちは、世の中の「隙間」を見つけて金を稼ぐノウハウを賃金労働者よりも持っていると思います。

また、現代のようなネット社会、デジタル時代では、そうした「金に換えられるアイデア」が隠れている隙間が昔よりもずっと増えました。

ネットオークションで安く仕入れて高く売るというサイドビジネスだけで、月に10万円以上の利益を得ている人はけっこういますし、円高だった時期には、高級カメラやレンズなどを海外で安く買って日本国内で高く（それでも日本での店頭価格より安く）転売するという商法も通用しました。高級オーディオのジャンク商品を安く仕入れて修理し、新品時の価格より高く売るといった商売を始めて軌道に乗せた人もいます。

大工、左官、配管工などの職人さんは、自分には今までやってきた仕事しかできないと思い込むかもしれませんが、体力が落ちてきて現役を退いた後も、手先の器用さや長年培った経験を生かして、体力を使わず、マイペースでできる新しい仕事があるかもしれません。チープな大量生産品がはびこる現代ですから、職人技が生きる質感の高い商品を高い価格で少量売るという作戦もありでしょう。いわゆる一点豪華主義や、他人が持っていないものを所有する喜びに訴えるわけです。

例えばスマホの充電器と外部スピーカーを組み込んだ木製や金属製のかっこいいクレードル（充電時などにポンと置いておく台）などを作れば、高い値段をつけても買ってくれる人はいるかもしれません。

さらには、受注があって初めて商品を作ったり調達したりするオンデマンド方式であれば、在庫を抱えるリスクもないので、資金がなくても始められます。

私は出版流通に乗せられない絶版になったりマニアックな内容だったりする自著を、「オンデマンド出版」という方法で売っています。1冊単位で注文があってから印刷・製本するので、絶対に赤字になりません。本は数日で注文者に届きます。価格も常識的な範囲で設定できます。

売るのは必ずしも「物」である必要はありません。ＹｏｕＴｕｂｅ上に無料の学習塾を開いて、アクセス数による広告誘導報酬（アフィリエイト）で稼いでいる人もいます。

前述のオンデマンド本はモバイル端末などで読む電子書籍としても販売していますが、これも在庫を持つ必要がないので、一度登録してしまえば放っておいても売れただけお金が振り込まれてきます。

どれも、それだけで食べていくことは難しいかもしれませんが、継続が容易で、負担がかからないのが利点です。

年老いてからの「住み替え」術

老後生活でいちばん大変なのは住居費です。蓄えがない人ほど、稼げるうちに借家ではない自分の家を持っておくべきです。住む家さえあれば、たとえどんなにボロボロになろうとも最低限雨風はしのげますから。

ある程度不動産価格がしっかりしている家を持っているなら、それを担保にして年金の不足分を補うという方法もあります。「リバースモーゲージ」といい、今住んでいる家や土地を担保にして、自治体や金融機関、大手住宅会社などから一括または年金の形で融資を受け取る仕組みです。今の家に住みながら年金のように生活費を得られるわけで、持ち家を相続させる子供がいないとか、相続させるつもりがない場合は合理的な方法といえるでしょう。

ただし、日本では中古住宅の価値が低いため、評価は土地が中心となりますから、都市部など、土地価格の高い地域で土地付きの一戸建てに住んでいる人向けといえるでしょう。担保となる土地・家屋の価値が低いと、利用者が長生きして、生きているうちに借入残高が不動産評価額に達してしまう、あるいは不動産価格が予想より低下したり、金利が上昇して元本割れを起こすという可能性もあります。そもそもそれだけの不動産を所有しているなら他にも選択肢はいろいろありそうです。

資産となり得る持ち家がない場合は、親が住んでいる実家に戻る、住み込みの仕事先を探す、などなど、住居費を使わずに暮らす方法を探すことになるでしょうが、それだけは嫌だという人もいるはずです。

住居費を減らす最も実現性・実効性のある方法は「安い家を探して引っ越す」です。都市部に比べれば、地方には安い物件が多数存在しています。

ちなみに、私が現在住んでいる栃木県日光市内の一戸建ての購入価格は、諸手続や引っ越し費用などを入れても1000万円以下でした。この出費は、川崎市に所有していた家（木造テラスハウス）を売却するなどして工面しました。

都市部に比べれば地方での生活費は概《おおむ》ね安くて済みます。買い物などが不便になるのではと考える人が多いですが、実際には逆で、車さえあれば都市部に住んでいるときよりはるかに便利で楽に暮らせています。どこに買い物に行っても、駐車場が満車で待たされたり、駐車料金を取られたりすることはありません。

また、現代ではほとんどのものはネット通販ですぐに届きますし、何の不便もありません。窓から見える景色は四季折々に美しく、それだけでも寿命がのびる気がします。車は運転できないので田舎暮らしは無理だというのであれば、地方都市のマンション物件なども、家賃相場は大都市部よりぐっと安いので、有力な候補になるでしょう。

例えば栃木県の県庁所在地である宇都宮市には、宇都宮駅から徒歩10分以内のマンションでもワンルーム（20平方メートル以上）3万円台の家賃から物件があります。

徒歩圏にコンビニやスーパー、郵便局などがあり、バスに乗れば郊外の美術館や博物館などに遊びに行くのも簡単ですから、車も必要ありません。いざとなれば新幹線で東京駅までわずか50分です。

宇都宮程度の地方都市には東京などの大都会と同じものが全部揃っていて、しかもコンパクトで人が多すぎない分、老人には街歩きがしやすいと思います。

要は情報を集めて合理的に判断し、発想の転換ができるかどうかです。

「世帯分離」という裏技に追い込まれる

電気やガスなどの光熱費、保険関連など「公共料金的」支出は減らせないと最初から諦めている人が多いですが、実はこれらも工夫次第でかなり節約できます。

我が家では電気の自由化が始まると同時に電力会社を乗り換えて、年間1万数千円安くなりました。ガスも、都市ガスは無理ですが、プロパンガスは同じガス会社でも顧客によってガス料金を変えているので、交渉次第では安くなります。我が家ではそのことに気づき、ガスの販売業者を変更しないままガス料金の大幅引き下げに成功しました。

通信費では、ケータイ時代の今、固定電話は必ずしも必要ないでしょうし、ケータイの料金も利用形態によって、電話が多い人は定額制の契約にするとか、スマホが必要なら格安通信会社に乗り換えるなどすれば安くなります。

我が家では私も妻もガラケーを持っていて、その他に妻はスマホ、私はタブレット端末を数種類使っていますが、それらの通信費は2人分全部合わせても月額6000円程度です。

保険関連もしっかり見直してみましょう。特に終身医療保険やがん保険などはよく計算してみてください。そもそもこの超低金利時代に、「お得な保険」などあるはずがないのです。その分そっくり預金しておいたほうがずっと安心なのではないでしょうか。

また、これは心情的に勧められるものではないですが、同居していた親子や夫婦が「世帯分離」して介護関連の費用を大幅に減らしている例もあります。

例えば、国民年金（満額受給でも年間78万円以下）しか収入のない要介護度の高い親が特養に入っているとします。その親が単独世帯であれば「世帯全員が住民税非課税」に該当するので、高額介護サービス費の負担限度額は月に1万5000円ですが、世帯に課税対象家族が一人でもいれば限度額は月に4万4400円で、その差は3万円近くついてしまいます。同様に、今の制度では、介護保険の負担割合（2018年8月からは1〜3割負担。それまでは1〜2割）、介護施設の食費や住居費の負担上限額、介護保険料そのものなどがすべて、本人の単独所得ではなく、「同一世帯の所得合計」によって決められています。

結果、介護サービスを受けている親や配偶者の住民登録を単独世帯にするだけで、介護関連の費用を年間100万円も減らせるケースがあるのです。

とんでもない不公平・欠陥制度といえますが、厚労省自身が「世帯分離による節約は、今の仕組みでは違法とはいえない」といっていて（「介護費『世帯分離』で節約　厚労省『違法とはいえない』」日本経済新聞、2014年7月21日）、不合理は放置されたままです。

そんなことまでして国の援助に頼るなんて姑息だ、人の道に外れる、などなど非難をあびせる人もいますが、これは完全に制度自体の欠陥です。

背景には、親の面倒は子がみるのが当然、これ以上国に負担をかけるな、という発想が見えます。しかし、**子世代は親世代よりはるかに厳しい老後を迎えなければならない**わけで、こうした発想で福祉制度を考えていたら、近い将来、多数の老人難民、介護破産者が出ることは避けられないでしょう。

「マイナス遺産」から逃れる

多くの場合、自分の死の問題を迎える前に、親族（特に親）の死を経験します。親が死んで遺産が入るというなら自分にとっての老後資金が増えますが、逆に、親が残した「マイナス遺産」がきっかけで自分の老後資金が脅かされるケースもあります。

相続は放棄も含めて「単純承認」「限定承認」「相続放棄」の3種類があります。単純承認というのは、特に何の手続きもしなければ法定相続通り、被相続人（死んだ人）の配偶者は2分の1、子供は残った半分を人数割りで相続するというものです。

この場合、被相続人に借金などのマイナスの遺産があると、それも背負わなければなりません。死んだ時はわからなかった借金が後になってから発覚して取り立てられることもあるので、被相続人にギャンブルや薬物、買い物などの依存症や認知症のあった場合は特に注意が必要です。

限定承認というのは、被相続人に借金などのマイナスの遺産があった場合は、プラスの遺産の範囲内でのみ返済するが、それ以上の責は負わない、という方法です。

多少の借金が発覚しても、遺産額が多ければ残るのでいいように思いますが、この場合は財産目録を作成した上で、相続人全員連名で家庭裁判所に申し立てを行わなければなりません。手続きが面倒な上に、税金面でも不利な方法なため、実際には全相続の0・1％以下しか行われていません。

3番目の相続放棄は、遺産がプラスであろうがマイナスであろうが一切相続しないという申請で、これは相続開始（普通は被相続人が死んだ時）から3ヵ月以内に被相続人の住所があった所轄家庭裁判所にします。これは各人がやればいいので、他の相続人の意志は関係ありません。手続きも郵送で済むなど、限定承認に比べればはるかに簡単です。

私は父が亡くなったら直ちにこれをするつもりですが、注意点がいくつかあります。

まず、3ヵ月以内に手続きをしないといけないという点です。被相続人・相続人双方の戸籍謄本、被相続人の住民票の除票など、添付書類を揃えるだけでも手間と時間がかかりますから、迅速に一気呵成《いっきかせい》にやらないといけません。

また、遺産を一部でも処分してしまうと、遺産相続する意思があると認定されてしまい、それ以降は相続放棄ができなくなりますし、相続放棄をしても、その後に、被相続人の遺産を隠したり、勝手に使い込んだ場合は、相続放棄をせずに単純承認したことにされてしまいます（ただし、被相続人名義で契約していた光熱費や葬儀費用などを被相続人の財産から支払うことなどは例外として認められています）。

遺産相続放棄をすると、その分の相続は残りの法定相続人に移るので、本来は相続人でなかった人に相続権が移ることもありえます。代表的なのは、子供全員が相続放棄をしたために、被相続人の兄弟姉妹に相続権が移るケースです。

このような場合は、その兄弟姉妹も相続放棄手続きをするのか負債を相続するのかの選択を迫られるという、大変迷惑なことになるので、トラブルにならないよう、事前に連絡し、手続き費用の負担方法なども決めておく必要があります。

ゴミ屋敷処分問題

預金は質量のない数字ですから、トラブルが生じても話し合いなどで対処していける余地がありますが、家や持ち物などの物理的な質量のあるものはやっかいです。

父は預金をすっかり使い果たし、今は年金だけが頼りです。事情を知らない周囲の人たちは「持ち家があるんでしょ」と言いますが、父の名義になっているその家は、すでに述べたように問題だらけのゴミ屋敷ですから、私は一切相続する意思はなく、父が死んだら直ちに相続放棄を家庭裁判所に申請するつもりです。

しかし、それでゴミ屋敷問題から完全に解放されるかというとそう簡単ではありません。

民法９４０条では「相続の放棄をした者は、その放棄によって相続人となった者が相続財産の管理を始めることができるまで、自己の財産におけるのと同一の注意をもって、その財産の管理を継続しなければならない」と定めています。

放置された廃屋が倒壊して人を負傷させたり隣家に損害を与えたりした場合、この法律によって、本来相続人だった者が損害賠償責任を問われる場合があるというのです。

これを避けるためには、やはり、持ち主が自分で対処できなくなる前に、きちんと処分するなり生前贈与するなりして、所有権をなくしておくことです。

しかし、そうした責任感や実行力のある人なら、自分の家をゴミ屋敷や放置空き家にはしていないはずですから、やはり残された親族が対応するしかありません。

私はこれまで、中越地震で全壊した新潟県の家、原発爆発によって環境が激変してしまった福島県の家、川崎市に所有していた長屋と、３軒の家を処分し、父が借りていた横浜市の賃貸マンションの片付けも経験しました。あの大変さをこれ以上味わうのは嫌です。金がかかるだけでなく、大変なエネルギーがいります。年老いてからではストレスと疲労で倒れてしまいかねません。

将来処分しなければならないとわかっている不動産や持ち物については、極力、頭がはっきりしていて体力もあるうちにお金に換えてしまうことを勧めます。

先送りすればするほど、いざ直面したときのやっかいさは増えます。

家はいちばんやっかいですが、その他の「物」の処分も、元気なうちになるべく済ませておくことです。

古いレコードや本などは、残して死ぬと後の人が処分にとても困ります。今や、過去のあらゆる音楽はネットで検索すればすぐその場で聴くことができる時代ですから、後生大事にレコードやCDを所有している必要はありません。

よく「人にはゴミに見えても、本人にとっては大切な宝物」などといいますが、死んだらその逆になるのです。

美術品やマニアものなどは、自分の死後、他のゴミと一緒に捨てられてしまうよりは、自分の管理下にあるうちに、その価値がわかる人の手に渡すほうがずっといいはずです。

そもそも、歳取ってからの物欲・所有欲は「かっこ悪い」と思いませんか。

葬儀の負担は極力減らす

「葬式代くらいはあるから」と言い残して死んだ親の葬式を済ませたら、想像以上の金がかかって、親の遺産相続どころか「持ち出し」になったという話はよく聞きます。

葬儀については、そもそもやるべきなのかどうかというところから考える必要があるでしょうし、やるとするとどんな形式でやるのか、という問題もあります。

父は母に引っ張られる形で30代のときに日本《にっぽん》聖公会で洗礼を受け、最近、教会から「堅信50年のお祝い」という品（スプーン）も送られてきましたが、自分の葬式は神式でやってくれと言っています。「キリスト教の葬式は何度も歌わされて嫌だし、仏式は読経が長いので疲れる。神式は玉串奉奠《たまぐしほうてん》だけだからあっさりしていていい」と。

葬儀のときには、本人は死んでいて、もはやそこにはいないわけで、読経が長くて疲れるも何もないでしょうに。いっそ「葬儀はしなくていい」と言ってくれたら楽なのですが、なぜか「葬式は盛大にやってくれ」などとも言うので困ります。

葬儀というのは、やるとすれば残った人たちのためのものです。

死んでいく本人が「葬儀はしなくていい」と言い残しても、残された人たちが、世間体があるから、とか、家業の後継者を告知する必要もあるからしないわけにはいかないとか、いろいろな事情もあるでしょう。

しかし、多くの場合、先立つ本人が「葬儀はしなくていい」と言い残せば、残された家族は内心ホッとするはずです。大がかりな葬儀をしなくても「故人の遺志ですので」と言えますから。

そもそも、人が死んだ直後は、ただでさえやらなければならないことが多くて、親族は大変なのです。「こうしなければならない」という慣例に追い立てられて死者を静かに思う時間を奪われるのは理不尽です。

死者を弔《とむら》うという行為は、気持ちをどれだけ寄せられるかが大切であるはずです。であれば、時間を置いて「偲ぶ会」を宗教色なし、会費制で行うなどのほうが、参加者の心に残る、意味のある会になるように思います。

それも大変なら、メモリアル動画をYouTubeにアップして、離れた人でもそれを見ながら死者との思い出や死者への敬意を持つ時間を作れる「YouTube葬」はどうでしょう。私は父が死んだときはそうしようかと思っています。

墓というやっかいな「遺産」

日本はこれから大量死の時代に入りますが、逆に、先祖代々の墓を消滅させる「墓じまい」が増えています。

私は、20代の頃から、墓や墓地というものはいらないし、環境破壊だと思っていました。

母が亡くなった後、遺骨は福島市内の信夫山《しのぶやま》にある公営墓地の墓に埋葬されました。現在、その墓には父方の祖父母と伯母（生涯独身で最後は枯れるように見事な死を遂げた父の姉＝先述）と母の4人の名前が刻まれていますが、この墓を建てたのは母です。

祖父は終戦直前に栄養失調で亡くなったのですが、三男で分家だったために墓はなく、長いこと本家の墓がある墓地の隅に骨壺が埋められていました。父と再婚後、それを知った母が「そんなのはいけません！」と祖母や父を説き伏せ、独立した墓を作りました。

その際、墓相学の本を2冊、「よしみつも読んでみなさい」と渡され、読んだものです。おかげで「黒い墓はいけない」とか「猫脚の墓はいけない」とか「墓地の区画内に木が生えていてはいけない」などの「べからず集」を今でも覚えています。

父には何度か「死んだ後、遺骨はあの墓に入れるということでいいか？」と確認しているのですが、その都度、あまり気乗りしないような顔で「そういうことになるんだろうねえ」と答えます。あの墓は居心地が悪そうだと感じているようなのですが、母が張りきって建てた以上、入るのは嫌だとも言いづらいというところでしょうか。

「海がいいなあ。いわきの海岸に流してくれ。子供のとき、あのへんの海を見た記憶がある」

などとも言うので、

「じゃあ、分骨して、半分はいわきの海に流して、半分は信夫山の墓に入れればいいわけ？」

と再確認すると、「う〜ん……そうだねえ」と言葉を濁します。

自分の遺骨をどうするかくらい、はっきり決めてくれないと困ります。

私自身は、死んだ時は、骨は粉々に砕いて適当に処分してくれと妻には言ってありますし、妻もまったく同じ考えです。もっとも、私が先に死ぬかどうかはわかりません。

私たち夫婦は子供を作らなかったので、妻が先に逝き、私が後になった場合は、私の骨を処分してくれる人がいるのかどうか……。

遺骨はゆうパックで送れる

今では、散骨という言葉が広く一般に知られるようになりました。

何か法的に問題が生じるのではないかと心配する人もいるかもしれませんが、遺骨は粉々に砕いて粉にしてしまえば（粉骨）、どのようにしようが常識の範囲内なら何ら法律には触れません。

散骨というと海に撒くイメージが定着している観がありますが、実際には地に埋めてしまうのがいちばん楽でしょう。粉々に砕いてしまえば、もはや骨なのか何なのかもわかりません。ただのカルシウムの粉末ですから、地面や草むらに撒いてしまっても誰も気にとめませんし、汚染問題も起きません。

そのためにはまず粉骨しなければいけませんが、これは自分でやるのはちょっと骨です（しゃれではなく）。丈夫な袋に入れてハンマーなどで叩いて砕けばいいのでしょうが、時間と労力がかかります。

粉骨する機械をレンタルする商売もあります。「大切なかたの遺骨を粉にする作業は、ぜひご自分で」というわけですが、妻にそう言ったところ、「嫌だわ〜。冗談じゃないわ〜」

と一蹴されました。

安心してください。粉骨専門業者に依頼すれば数万円でやってくれます。

粉骨専門業者はどんどん増えています。業者が遠方であっても、骨壺ごとゆうパックで送ることができます（ちなみに遺骨を運んでくれるのは日本郵便だけです）。

粉骨さえしてしまえば、後はどうにでもなります。

一部を小さなガラスケースに入れて家に置いておくという人もいるようで、そういう加工サービスも粉骨のオプションでやってもらえます。

私はそういうのは嫌です。土に戻る、分子レベルにまで細かく分解されて、世界の中に溶け込んでいき、形は残らないというのが理想。妻も同じことを言います。

ただ、人が入りそうもない山奥でも、日本中の土地には必ず所有者がいますし、自分の所有している土地や家の庭であっても、そこに遺骨を撒いたことで親戚が激怒したり、不動産価値が下がるなどというクレームが生じることが考えられるので、注意が必要です。

「墓」にこだわる親族がいる場合は、自分たちよりずっと命が長そうな樹木の根元にでも撒いて、その木を目印にすればいいでしょう。その場合も、ＳＮＳに書き込んだりするとトラブルのもとですから絶対にやめましょう。

余談ですが、火葬する地域によって使われる骨壺のサイズはずいぶん異なり、小さいものでは中国地方などで使われている2寸（直径約6センチ×高さ約8センチ）から。関西では4寸（直径約12センチ×高さ14センチ）や5寸（直径約15センチ×高さ約18センチ）、東日本では7寸（直径約22センチ×高さ約26センチ）や8寸（直径約26センチ×高さ約29センチ）が主に使われています。

2寸の骨壺と8寸の骨壺では、容量で70倍近い開きがあります。

そういえば、母方の伯父夫婦は奈良県の山奥にある老人ホームで最期を迎えましたが、火葬場では骨壺が小さくて骨が入りきらず、入らない骨を火葬場の職員がさっさとちりとりにかき集めてバケツに放り込んで持ち去ったのを覚えています。西では遺骨に対する感覚が淡泊なのでしょうか。

今の火葬炉は性能が高く、高温で燃やすことが可能なので、本当は形が残らないところまで完全焼却することは可能だそうです。依頼者の希望によっては、火葬場で粉にまでしてくれるようになるといいのですが、そういう要望が増えて、火葬場側で対応してくれるようになるにはまだまだ時間がかかりそうです。

合理的思考で老後の生活水準を保つ

私がこのように葬儀や納骨の話をドライに語ることに対して、不快に思われるかたも多いでしょう。しかし、これからの大量死時代、葬儀や埋葬は確実に簡素化されていくはずです。

墓、戒名、供花の量といった、物的な豪華さや形式的な荘厳さを求める従来型の葬儀は、富裕層にしかできなくなるのではないでしょうか。

信夫山墓地に母が建てた墓に刻まれる名前は父が最後になるでしょう。

本音を言えば、墓石に名前を刻むのも石屋さんに頼まなければならないので、面倒だし金もかかるなあ、という気持ちがあります。なんと親不孝な息子だと憤るかたもいらっしゃるでしょうが、そもそも「墓はいらない」と考える私のような人間は、死者への気持ちを墓石のような「物」に託すという発想がないのです。

もちろん、こうした問題は極めてデリケートであり、個人の考え方次第です。みなさんそれぞれご自分の考えに従って決めればいいことで、どうするのがお勧めだという話をしているわけではありません。あくまでも私自身はこう考える、という話です。

死んだ後はどうしても残された周囲の人たちに迷惑をかけるのですから、極力、「物体」を残さない、金を使わせないようにしたいと思っているのです。

死ぬまで幸せに生き抜くためにはお金が必要です。老後の生活水準を保つためには、今まで常識だとされてきたことやタブー視されていたことについても、合理的に考え直してみることが必要でしょう。とにかく「無理をしない」ことです。

家計のやりくりは妻に任せ、会社では経費を使って大きな仕事をしていたような人ほど、名刺の肩書きも給与も目の前の仕事もなくなった退職後、うまく気持ちの切り替えができず、いわゆる世間体も気にします。

今まで通用してきた仕事の技術、あるいは信じて疑わなかった「世間の常識」を一旦すべて忘れ、一人の「高齢生活者」として生きる技術を学び直す心構えが必要です。

これは、今までの経験が全部無駄になるということではありません。培ってきた経験や知識を生かして新しい価値観を見出し、それを残りの人生の中で新しい形に再構築する、ということです。

それを楽しいと思えれば、自然と健康寿命も延びます。

第8章　死に場所としての施設を見つける技術

自宅では死ねない（暮らせない）状況になったときは介護施設に入るのが一般的な解です。どんな施設をどのように利用できるのか、私自身の経験も含め、必要な情報をまとめました。

「家で死にたい」親と「家で死なせたくない」家族

あなたはどこで死にたいでしょうか。あるいは家族をどこで死なせたいでしょうか。

ある調査では、「余命が限られた場合、自宅で過ごしたい」と答えた人が約80％だそうです（日本ホスピス・緩和ケア研究振興財団「ホスピス・緩和ケアに関する意識調査」２０１２年）。

しかし、内閣府が発表している「高齢社会白書」（平成29年版）によれば、全国の55歳以上の人のうち約55％の人は「自宅で死にたい」と答えたものの、病院などの医療施設で死にたいと答えた人も約28％、サービス付き高齢者向け住宅や特養などの介護施設で死にたいという人と合わせると約36％にのぼります。おそらく、本音では家で死にたいけれど、家族に迷惑をかけるのは嫌だから、病院や介護施設で死ぬのは仕方がない、という気持ちからでしょう。その証拠に、同じ調査で「子供の家で死にたい」と答えた人は1％もいません。

看取る側の家族にしても、最後の処置は素人にはできない、病院に任せるしかないという考えが強いと思います。

しかし、何度も書いてきたように、一旦病院に運び込まれたら最後、拷問に等しい無用な苦しみの中で人生最後の時を過ごさなければならなくなる可能性が高いのです。これを避けるためには、本人の覚悟もそうですが、何よりも**看取る家族全員が、事前に「幸せに死なせ**

てあげたい」という強い決意を共有することが不可欠です。

死んでいく本人が絞り出すような声で「家に帰る」「死なせてくれ」と訴えているのに、配偶者や子、時には親戚が「最後まで頑張って」「可能な限りの治療を」などといえば、医師もその言葉のほうに従ってしまいます。こうした言葉がどれだけ無責任で無慈悲かを考えてください。その一言が、拷問状態の継続、悲惨な死につながるのですから。

しかし、終末期を迎え、動けなくなった人は自力では家に戻れません。また、受け入れてくれる家族がいなければ、病院から出ることは不可能です。家で死ぬことは、死んでいく本人と看取る家族の共同作業ですが、これは簡単なことではありません。

死ぬまでに後１週間などと期限が区切られていれば、死ぬほうも看取るほうも覚悟を決めやすいですが、そうはいきません。最後は家で看取りたいと、病院から家へ戻した途端に元気になって、それから何年も自宅での介護生活が続いたという例もあります。

介護に疲れ果てて親や配偶者を殺したり心中したりする事件はたくさん起きていますし、これからも増えていくでしょう。そうした現実も踏まえて、介護施設や介護サービスを正しく選択し、うまく利用する技術も必要になってきます。

日本ではまだまだ「ここまで育ててくれた親を施設に入れるなんて親不孝」という考えが根強いようですが、無理をして親子共倒れになるほうがずっと親不孝でしょう。

家族と同居の老人のほうがストレスが多い？

『大切な人を自殺で失わないために』という冊子に、こんな記述がありました。

自殺したお年寄りのほとんどが家族と同居していました。一人暮らしのお年寄りの自殺者は全体の５％以下に過ぎません。お年寄りの自殺者の多くが、生前家族に「長く生きすぎた」、「迷惑をかけたくない」ともらしていました。お年寄りは病気がちになったり、体力が低下したり、物忘れが多くなることで心身両面の衰えを自覚し、同居する家族に看護や介護の負担をかけることへの遠慮が生じると考えられます。周りの者は決してそんなことは考えていなくても、御本人は負担に感じてしまうのです。（「高齢者支援に関わる職員のためのハンドブック　大切な人を自殺で失わないために　～高齢者のうつ病と自殺予防～」福島県精神保健福祉センター・福島県自殺予防対策協議会・編、２００４年）

私は、下の世話であれ入浴の手伝いであれ、「介護」と名のつく行為が必要になった場合、親子が無理に同居するのは極力避けたほうがいいと思っています。

ましてや、独立していた子供世帯が、長い間あまり顔も見ていなかった親を引き取って同居を始めるなどというのは最悪で、うまくいくはずがありません。

これから死に向かう人の終末期ＱＯＬは大切ですが、それ以上に、まだ人生をしっかり楽しめる脳と身体を持っていながら、家族の介護にエネルギーを奪われてしまう人たちのＱＯＬ問題も深刻です。

認知症で困った行動を繰り返すけれど、足腰はそこそこ丈夫で動き回れるというやっかいな老人は、介護施設では寝たきりの人よりずっと嫌がられます。

介護施設の実情については後で詳しく述べますが、特別養護老人ホーム（特養）は要介護度が高い人から優先して受け入れますから、歩ける、食べられるというだけでも順番待ちで後ろに回され、いつまで待っても入れません。グループホームは認知症老人が数人単位で共同生活をする施設ですから、協調性のない人、問題行動を繰り返す人は追い出されます。

となると、寝たきりではないが共同生活も困難であるという、いちばんやっかいなレベルの老人の面倒は家族がみなければならないという状況が生まれ、その結果、介護する側の家族のほうがストレスに耐えきれず、先に倒れてしまうのです。

親の介護ができないような子は親不孝だという考え方は、子の側だけでなく、親の側をも不幸にします。

土地に余裕がある田舎では、認知症が進んだ親は離れに入れて、他の家族と一緒のスペースにはなるべくいさせないような家が少なくありません。しかし、同じ敷地内にいながら居場所を別にされた親にしてみれば、施設に入れられるよりもずっと孤独で惨めです。

また、認知症の人は、毎日顔を合わせるのが家族だけという環境だと症状の進行が早くなるので、他人と接触できる施設に入ったほうがいいということもあります。

介護される人にとってもその家族にとっても、不幸の度合を少しでも下げるためには、「よい施設」を見つけてうまく利用する技術が必要なのです。

初めての介護保険申請

話を私の父のケースに戻します。

母の死後ずっと一人暮らしを続けていた父は、下肢静脈瘤を悪化させて総合病院に緊急入院後、手術を2回受けました。入院後、私はすぐに介護保険の認定申請をしました。正直な話、それまで私は介護保険のシステムや介護施設の区分などについて、ほとんど知りませんでしたから、ネットや書物に向き合って調べまくる日々が始まりました。

入院後の父は体調だけでなく精神状態も一気に悪化し、病室に様子を見に行くと、声もろくに出せず、明日にも死んでしまうのではないかと思うほどの変貌ぶりでした。

ベッドから一人で起き上がることもできず、トイレも介助が必要。夜中には突然「泥棒！」などと叫び、ベッドから抜け出そうとするので、ベルトで縛り付けられてしまい、それでますます精神がやられてしまいました。

問題は退院後のことです。病院からは入院させておけるのはせいぜい1ヵ月が限度と宣告されていましたから、時間の猶予もありません。

父が借りていたマンションは大変な思いをして片付け、引き払いましたから、もう戻れる場所はありません。父が自分で稼いだ金で購入した家には娘が住んでいて、父と会うことさえ拒否していますし、そんなところに戻ったところで、買い物依存症が治らず、認知症も進んでいる父がまともに暮らせるはずはありません。

父が信頼していた「かかりつけの医師」が院長を務める個人病院は、同じビル内にグループホームを併設していたので、最初はそこに入れないかと訊いてみましたが、空きがないとのこと。その口調からは「もはや私の管轄外だ」という気持ちが読み取れました。

そもそも、父はそれまで、介護施設になど絶対に入らないと言い続けていたので、たとえ引き受けてくれる施設が見つかっても、おとなしく従ってくれるか、入った後に騒ぎ出したりしないかと心配が絶えませんでした。

施設を探すとき、一般的には自治体の介護保険や高齢者福祉関連の担当課、地元の地域包括支援センター、あるいは社会福祉協議会などに相談することになります。そこで、こちらの立場に立って心のこもった対応をしてくれる職員や相談員に出会えるかどうかで、その後の運命が大きく変わってきます。他にも、介護保険の認定申請や父の年金記録の確認など、短期間に多くの役所や組織の窓口と向き合うことになりましたが、木で鼻をくったような対応しかしてくれない人もいれば、同じ部署でも、こちらの話を真剣に聴いて、マニュアルを超えた対応をしてくれる人もいました。

ともかく、都市部ではすぐに受け入れてくれる施設など、そうそう見つかりません。困っていたところ、父が入っている短歌の会のかたからの情報で「とりあえずショートステイ（短期入所）扱いでなら引き受けられるかもしれない」という特養が見つかり、すぐにそのかたと一緒に見学と面接に行きました。身内でもないのに父のことを心から心配して施設の紹介までしてくださったこのかたには、どれだけ感謝してもしきれません。

施設側はこちらの事情をよく理解してくださり、できる限りのことをしましょうと応じてくれました。

入院していた総合病院の担当医師にも本当に感謝しています。その若い男性医師は、下肢静脈瘤よりもむしろ認知症の状態や退院後の生活のことが心配だといって、病院内の福祉相談員にすぐに話をつなぎ、自治体への要介護申請に添える意見書をとてもていねいに書いてくれました。これが後で大きな意味を持つことになります。初めての介護保険申請でしたが、いきなり「要介護4」が出たのです。これでどれだけ助かったかわかりません。

特養の入所条件

いわゆる介護施設の中でも、「介護療養型医療施設」「介護老人保健施設（老健）」「特別養護老人ホーム（特養）」の3施設は公的施設で「介護保険3施設」と呼ばれています。このうち介護療養型医療施設は「病院」であり、24時間医療処置が必要な重度の要介護病人のためのものですから、ここで考える「介護施設」からは外しておきましょう。

老健は「自立復帰をめざすリハビリ施設」であり、いられるのは原則3ヵ月までです。しかし、これはあくまでも「原則」「建前」で、実態がかなり違うケースもあります（後述）。

特養は、在宅介護が困難な高齢者の「終身収容介護施設」という位置づけです。介護保険法の上では「介護老人福祉施設」という名称ですが、同じものです。

こう見ていくと、公的な「介護保険3施設」の中で「生活の場」になり得るのは特養しかないように思えます。しかし、特養の入所対象者は、65歳以上で要介護認定「要介護3」以上。入所は各自治体が定めた受付窓口に申請して、判定、順番待ちしなければなりません。

2015年4月からは入所基準が厳格化され、要介護2以下では原則入所不可能です。

要介護3というと、排泄、食事、入浴など、日常の行動ほぼすべてに介助が必要であり、認知症の程度も重く、場合によっては暴言暴行などの問題行動もあるという状態です。簡単にいえば、「全介助で便器まで運んでもらわなければ排泄できない」という状態になって初めて特養に入る「権利」を得られるわけです。

また、多くの特養では常駐の医師がいませんから、重度の医療措置を必要とするようになったら病院へ送り込むという対応がまだまだ一般的です。その先には、いちばん避けなければならない「病院での拷問死」が待ち受けているかもしれないのです。

特養でも月に20万円!?

今これを読んでいるあなたはまだ頭もはっきりしているわけで、「自分の死に場所」として特養を考えてはいけません。でも、寝たきりになったり認知症が進んでどうにも手に負えなくなった要介護3以上の家族を抱えている場合は、その介護で自分の命を縮めてしまわないよう、家族の特養への入所を検討することは必要なことだと思います。

特養は経済的負担が少なくて済むといわれますが、実際にはいくらかかるのでしょうか。

手元に横浜市のユニット型特養の料金一覧表（2016年9月時点のもの）があります。

いちばん高額なのは居住費5000円／日、食費1870円／日の施設で、30日だと20万6100円です。いちばん安い施設でも居住費1970円／日、食費1500円／日で、月

10万4100円。平均すれば、ざっと4500円／日で月13万5000円くらい。

横浜市は首都圏なので居住費の相場が高いのですが、地方に行っても、劇的に安くなるわけではありません。

また、これはあくまでも何もしなくてもかかる居住費と食費の「基本料金」であって、介護費用（介護保険適用で1割〜2割負担。2018年8月からは1〜3割に引き上げ）や医療費（診療費や薬代）は別です。

紙オムツや下着類の洗濯などは費用に含まれていることが多いですが、衣類そのものやティッシュペーパーなどの消耗品は自前で用意しなければなりません。

さらには、光熱費のうち、電気毛布は月にいくら、ラジオはいくら……と細かく追加費用を計上する施設もありますし、病院などへの送迎は1回いくら、理美容は外部からのサービスで1回いくら、予防接種をすればいくら、訪問歯科医に歯の健康状態を診てもらっていくら、訪問販売業者が来て買い物をする……などなど追加費用が必ず生じます。

低所得者には居住費・食費ともに補助が出る「介護保険負担限度額認定」制度が3段階でありますが、これは、①本人及び同一世帯の全員が住民税非課税者である、②本人の配偶者（別世帯も含む）が住民税非課税者である、③預貯金等の資産合計額が単身者は1000万円以下、配偶者がいる場合は両者で2000万円以下である、という条件をすべて満たしていないと適用されません。

となると、平均的な、あるいは比較的安価な施設でも、トータルで月20万円は覚悟しておいたほうがいいでしょう。月20万円以上の年金をもらっている人は少ないでしょうから、運よく特養に入れたとしても、蓄えを持っていないと老後破産してしまいます。

特養に入るための技術

特養に入れる人は原則として要介護3以上ですが、要介護3以上と認定されても、自治体の定めた受付窓口に入所申請して順番待ちをしなければなりません。

横浜市を例にとると、2017年10月1日時点で、市内の特養の数は150ヵ所（1万5293床）で、要介護3以上の入所待ち者数（在宅）は3735人です。

入所の順番は様々な要素を点数化して決められますが、申請書の書き方次第で入所の優先順位が大幅に繰り上がることも珍しくありません。緊急性が高いと判断される点数の高い項目をしっかりアピールすることが大切です。

横浜市の例では、「主たる介護者である家族の状況」という質問項目があり、

①主たる介護者である家族がいない（音信不通を含む）

②主たる介護者である家族が入院・入所・県外

③主たる介護者である家族はいるが、（□要介護、□要支援、□高齢、□療養、□障害、□育児、□就労、□他介護）のため介護できない

④主たる介護者である家族はいるが、上記以外の理由で介護が困難である

⑤いずれにも該当しない

……という５つから選択させるようになっています。先に書いてあるほうが点数が高いことは容易に想像がつきます。

こうした判定基準は自治体によって違いますが、知っておきたいのは、単純に要介護度が高いから順位が上がるわけではなく、介護者の家族がどういう状況にあるのか、今の住環境がどうなのかといった点が重視されていることです。質問以外の「特記事項」欄などにもしっかりと記入して（書き切れなければ別紙を添付してでも）、こちらの事情を余すところなく伝えることが必要です。

また、最終的に入所させるかどうかを判定するのは特養ですから、

①年金がしっかりある（支払いが安心）

②きちんとした後見人（家族）が近くにいる（いざというときの対応が確実）

③小柄でおとなしく、要介護度が高いわりにそれほど手がかからなそう

④持病などがなく、医療にかかる確率が低そう（点滴や胃瘻などになると常駐医師がいないので

対応できなくなる）

……といった人を入れたがります。

さらには、新しい施設は入所者ゼロから始まりますから、開所したばかりや建設中の施設を探して入所希望リストに入れて提出するのも、待ち時間を短縮できる有効な方法です。

ベッドは空いていても介護スタッフがいない

費用面では人気の高い特養ですが、最近では、地域によっては施設側が「営業」に回らないと入所者が確保できないという特養も出てきました。

「数年間の入所待ちが当たり前だった特別養護老人ホームの待機者が大幅に減り始めた。軽度の要介護者を門前払いにし、民間の施設や自宅での介護に回す国の政策が形になり始めた格好だ。一方で要介護度が低くても世話の大変な認知症の人が特養を利用できず、公費を投じた特養の一部に空きが出る矛盾も出ている」（「特養待機者急減　要介護者、奪い合い　施設空き出始め」毎日新聞、2016年7月1日）

これは地域によるニーズの見込み違いもありますが、なんといっても「要介護3以上でないと入れない」という壁を作ったことが最大の原因です。

入所希望者（というよりは要介護3以上の入所有資格者）が定員に満たないのであれば空きが出

るのは当たり前ですが、入所希望者の待機人数が常時２桁、３桁という都市部でも、実際には空室がある施設が出てきました。

これは、介護スタッフの不足が原因です。施設としては経営上、当然満室にしたいけれど、満室にするとスタッフが足りないので、泣く泣く空き部屋にしてしまうというケース。

介護スタッフを集めるために、介護施設に保育所を作って乳幼児を持つ母親にまで求人を広げている施設さえあります（ＮＨＫ「クローズアップ現代＋」「〝老人ホーム〟が空いている⁉」２０１７年3月16日放送）。経済的に余裕があれば我が子のオムツを自宅で替えているであろう母親が、子供を保育所に預け、その隣の施設で他人のオムツを替える……これは単純に人手不足という問題だけではないような気もしますが、現場で実際に働く母親たちにとっては、介護施設という「職場」に保育所が併設されていればもちろん助かります。

また、都市部でさえ、本入所用のベッドが満床でも、ショートステイ用は空いているという施設が少なくありません。父が退院後にお世話になった特養もそうでした。

理由の一つに、要介護度が低いと介護保険の利用限度額も低く、ショートステイを続けると自己負担額が増え、本入所の費用より高くつくということもあります。そこまでお金を出せるなら、どんよりした特養よりも明るい雰囲気の有料老人ホームなどのほうがいいでしょうから。

「今どきの特養」とは

父が退院後すぐにお世話になったのは特養です。いきなり入所はできないので、とりあえずはショートステイという扱いで引き受けてもらいました。

父の場合、要介護4と認定されたため、費用面では助かりました。これが要介護1や2であれば、ショートステイを続けることも費用の面で困難でしたから。

ここで改めて「今どきの特養」とはどんなところか、私が実際に見た印象や知った情報を紹介してみます。

特養というと、かつては多床室が当たり前で、入院病棟の重苦しい版のようなイメージがつきまといましたが、近年新設されている特養のほとんどは「ユニット型」といって、一室1ベッドの個室タイプです。

1ユニット＝10の個室（10人）に対して専任の施設スタッフがいて、ロビー、食事室、簡易キッチン、浴室、トイレなどを共有します。病院の入院病棟などに比べると各スペースは格段に広くて明るく、個室にはバストイレこそないものの、洗面台やクローゼットはあるので、見た目は安価版のビジネスホテルのような印象です。

そこで食事、入浴、排泄などの支援と介助、リハビリ、レクリエーションを通した機能訓練などが提供されます。医師常駐の義務はないので、いない施設が多いのですが、たいていは医療機関と提携しており、そこから週に1度程度、医師が回診に来るなどしています。

しかし多くの場合、ユニット（10部屋）単位で出入口はロックされていて、スタッフが解錠しないと出入りできません。個室からユニット内の共用スペース（食事室やトイレなど）には行けますが、自由に出られるのはそこまでで、隣のユニットに友達がいても、スタッフにユニットの仕切り出入口を開閉してもらわないと会いに行けませんし、ましてや玄関から出て庭を歩くなどということも、スタッフの付き添いなしではできません。

認知症で徘徊癖のある人もいるので、そういう処置はやむをえないのですが、身体が動く場合は、その不自由さが耐えられないかもしれません。実際、本入所を前に「お試し」でショートステイを利用した人が、「こんな監獄のようなところは嫌だ」と拒否する例も少なくありません。

どんな利用者と一緒のユニットになるかも運任せです。ところかまわず放尿する人、起きている間中わめき散らす人、人の部屋に勝手に入っていってベッドに潜り込んだり、部屋を荒らしまわる人……、なまじ身体が動かせる人ほど問題行動を起こす力が残っているわけで、そういう問題行動を起こす人が一人でもいるユニットでは、心穏やかに過ごすことは困難です。

一方、介護するスタッフの側からは、ユニット型は一見合理的なようでいて、実際には職員の連携が分断されるため、夜勤の際などはピンチになることが増えるという声がありま す。

また、一人が徘徊を始めるとその対応で他の利用者のトイレコールにも応えられない……と。医療体制が整っていないのに「寝たきり」などの重度の要介護者で埋まっていくため、スタッフの負担がどんどん重くなるという問題も深刻化しています。

常態化している「施設のグレーゾーン利用」

ともあれ、都市部の特養は入所希望者が多く、なかなか入れません。結果、本来3ヵ月しかいられないはずの老健に、長期にわたって入れてもらって特養の入所待ちをしている例がかなりあります。この場合も、3ヵ月ごとに延長の可否を決める判定会議を経ています。

入所延長をどこまで認めるかは施設によって大きな差があり、厳格に3ヵ月原則を守ろうとする老健もあれば、延長延長で長期入所している人に対しては老健本来の役割であるリハビリプログラムを極端に緩く組むなどで対応している老健もあります。中には、5年を超える長期にわたって同じ老健に滞在し、最後は看取りまでしてもらったというケースさえありますが、これはかなりの例外でしょう。

そもそも老健の数は特養の約半分しかなく、やはり簡単には入れません。

施設も古いものが多く、多床室タイプが中心です。また、特養は基本「生活の場」であるとされているため、洗濯は施設内でやってくれますが、老健は「リハビリの場」であり、家族介護者の頻回訪問を促す意味でも、原則、洗濯物は家族が引き受けることになります（実際には「家族の支援が困難な場合」という条件付きで外部業者に委託できる施設が多い）。

さらには、精神科病棟が認知症要介護老人の終の棲家のようになっている例もあります。精神科病棟では入院基本料の下がり方が一般病棟よりゆるやかなので「追い出し」が厳しくなく、中には10年も20年も入院している人がいます。特養に入るより「病院」に入院していたほうが安くつくので、低所得層にとっては「最後の命綱」「蜘蛛の糸」かもしれません。

在宅介護サービスの一つであるショートステイを繰り返しながら特養の本入所順番待ちをする例も少なくありません。

ショートステイは、本来、在宅介護者がデイサービスの延長的に短期で使うものです。しかし、利用者が認知症などで、同居している家族による介護が困難、同居している家族等が高齢や病気である、同居の家族にＤＶ（家庭内暴力）が見られる……などの事情を書いた「短期入所サービス利用が認定有効期間の半数を超える理由書」というものをケアマネジャーが作成して自治体に申請し、認められると、連続的な利用が可能となります。

介護保険の適用は連続30日が限度なので、31日目は全額自己負担になりますが、32日目からはまたゼロリセットで30日間介護保険が適用できます。結果、これを繰り返すと介護保険上は「在宅利用」でありながら、事実上特養に入っているのと同じという状況が生まれます。

施設としても、ショートステイ用の部屋を何室も空けておくのは経営上好ましくないので、拒否する理由はなく、積極的に受け入れている施設もあるようです。

俗にこれは「ロングショートステイ」と呼ばれていますが、ロングなショートという言葉自体が矛盾しているように、この利用方法も制度本来の趣旨からは外れています。

こうした「例外的な対応」は、施設管理者や自治体の担当者の裁量に委ねられている部分が大きく、医療や介護制度の「裏技的グレーゾーン運用」といえるかもしれません。

しかし、一人ひとり、抱えている家庭事情や経済状況、性格や施設との相性などすべて異なります。杓子定規にルールを適用するよりも、裁量範囲を広く緩くしたほうが救える人が増えるのであれば、何がなんでも原則厳守が正義だとはいえないでしょう。

利用する側としては、裏事情やグレーゾーンまで含めて「仕組み」を十分に理解し、最良の解を求める技術を身につけることです。

第9章　「ここで死んでもいいですか？」

介護施設の種類や介護保険のシステムは極めて複雑で、ただでさえ理解するのは大変です。ましてや「死に場所」としてふさわしいのかどうか、そこで死なせてくれるのかどうか見極めるためには、一般には知られていないデリケートな要素、見えにくい「スペック外」の問題についても考える必要があります。

特養に置いてもらえなくなった父

家族を介護施設に入れようとする場合、まずは本人が同意するかどうかが大きな問題となります。嫌だという者を無理矢理入所させても、その後うまくいくはずがありませんから。

父は常々、介護施設になど絶対に行かないと言っていましたから、素直に従ってくれるかどうか心配でした。しかし、入院していた数週間の窮屈さがよほどこたえたのでしょう、狭いながらも完全個室で、若いスタッフが親切に介護してくれる特養（ショートステイ棟）の環境を、父はすっかり気に入ったようでした。

外に出られず、買い物ができなくなっても機嫌がよかったのは、施設に入ったことで今までよりも人と接触し、会話する時間が増えたからです。スタッフとのふれあいが楽しくて仕方がないようでした。スタッフのみなさんにしても、ほとんどものを言わない入所者たちばかり相手では気が滅入るでしょうから、軽口を叩いて子供のように振る舞う父と接することは、多少の息抜きになっていたのかもしれません。

一人暮らしのときは逆ギレされたりすることもありましたが、特養に入ってからは会うたびに「いろいろありがとう」と、必ずお礼をいってくれるようになりました。

口では強がっていても、一人で暮らすのはとっくに無理だったこと、そして、父には、認知症治療薬よりも、人との触れ合いのほうがずっと必要なものだったのだとわかりました。

要介護4が出たことで、本入所の申し込みをし、7ヵ月待って本入所ができました。本入所後、費用はショートステイのときより安く（月額約16万円に）なりました。

特養に入ってからの父は見る見る心身共に回復しました。元気になったために、施設長の計らいで、本入所後も要介護度の高い入所者用ユニットではなく、ショートステイ棟にいさせてもらっていたほどです。しかし皮肉にも、そのことで施設からは何度か「有料老人ホームかグループホームのような施設に移ることを検討してほしい」と言われました。

そのたびに私は「父は今の環境が気に入っているので、このまま置いてもらえませんか」とお願いしていましたが、介護保険継続申請後の次年度は、要介護度が大幅に下がることが確実になり、「これ以上うちに置いておくことは難しい」と言われてしまいました。

しかし、預金を使い果たした父には年金しか残っていないので、高額な施設には入れません。私は横浜からは遠く離れた日光市在住ですが、日光市内でいろいろ調べても、施設の空き状況は非常に厳しいとわかりました。

そもそも、要介護度が下がって特養にいられなくなるわけですから、地域に関係なく、特養は選択肢からは外れます。

介護施設には他に、養護老人ホーム、ケアハウス（軽費老人ホームC型）、有料老人ホーム、サービス付き高齢者向け住宅（サ高住）、認知症高齢者グループホーム（認知症老人が数人で集団生活を営む比較的小規模な施設。以下、グループホーム）などがあります。

このうち、養護老人ホームは、基本的には病気がなく介護を必要としない自立した65歳以上の高齢者（「要介護1」以上は対象外）で、生活保護を受けているなどの低所得者が対象なので選択肢外。ケアハウスは介護サービスのない一般型と介護サービス付きの介護型がありますが、介護型ケアハウスは数も少なく、なかなか入れません。費用も有料老人ホームに比べると概ね安いとはいうものの、入所時に保証金として数十万～数百万円かかります。

となると、**介護が必要となった老人が自宅（家族宅）以外で暮らせる場所としての現実的な選択肢は、有料老人ホーム、サ高住、グループホームということになります。**

天国も地獄もある有料老人ホームとサ高住

有料老人ホームは民間企業が運営する高齢者向け施設の総称、サ高住は「老人が住むことを前提とした賃貸住宅」というのが一般的な定義です。

法令上、有料老人ホームは届け出制（義務）で、各自治体は有料老人ホームの設置運営の指導指針（ガイドライン）を策定し、その基準に基づき事業者の指導・監督を行うことになっています。ただし、これには法的拘束力はなく、届け出自体も、許可や認可ではなく、単なる「届け出制度」なので、届け出を拒否することはできません。

サ高住はさらに法的な規制は緩く、任意の情報登録制度に過ぎません。登録には国が定める一定の基準を満たす必要がありますが、その基準とはほとんどが建物に関するもので、つけなければならないサービスは状況把握と生活相談のみです。

さらには、有料老人ホームとしての届け出もサ高住としての登録もせず、「シニア向け住宅」を名乗って営業している業者も多数存在します。そうした施設で介護関連のトラブルが起きても、自治体は「一般住宅であり、監督責任はない」として指導もしません。

実際には有料老人ホームとサ高住の区別はどんどん曖昧になってきており、有料老人ホームだからどう、サ高住だからどうということは一概にはいえません。

入居者も、特養に入りたくても入れない要介護者が緊急避難的に入るケースから、ほぼ自立できている老夫婦が食事や社交などを目的に入居するような優雅なケースまであります。

したがって、個々の入居規定や提供するサービスを確認するだけでなく、実際に見学してみないと実態はわからないということを、まずはしっかり頭に入れておく必要があります。

有料老人ホームとサ高住を無理矢理3つに分類すると、

①介護付き……要介護者が対象。都道府県知事等から「特定施設入居者生活介護」の指定を受けていて、常駐のスタッフが介護する有料老人ホームなど。指定を受けていないサ高

住などでフル介護サービスを行っている場合は、形式上は外部サービスを利用したり、一部が介護保険を使えず自費負担になったりするので費用が高額になる。
②住宅型……要介護者だけでなく、介護がいらない老人も入れる。食事などのサービスは提供されるが、施設常駐介護スタッフは基本的にいないので、介護サービスが必要な場合は外部からのサービスを依頼する（自宅介護と同じ）。サ高住は基本がこれ。
③健康型……介護不要の自立高齢者のみ対象。ヘルスセンターやホテルに住んでいるような感覚。介護が必要になったら退去させられるところが多い。
……となるでしょうか。費用は特養に比べれば高額で、入居一時金が数千万円、月額利用料が50万円などというものも珍しくありません。

政治家や有名人などセレブ御用達病院として有名な聖路加国際病院は、全床個室で、差額ベッド代が3万2400円～10万8000円／日（月額ではなく「日」額！）という病院として有名ですが、提携しているサ高住である聖路加レジデンスは、65歳から79歳まで入居した場合、2億200万円～5億5200万円（税抜き）という金額が提示されています。

かと思うと、生活保護受給者の住居代わりになっているようなサ高住もあり、まさにピンからキリまであります。

介護保険限度額ビジネスモデルの害

介護付き以外の有料老人ホームやサ高住では、介護が必要な入居者はすべて外部のサービス（訪問介護サービス）を利用することになりますが、同じ経営母体の介護事務所を併設、あるいは提携している有料老人ホームやサ高住（以下、まとめて「施設」）が多く存在します。

介護保険制度では要介護度の高い人への介護報酬ほど限度額が高額に設定されています。いちばん低い要支援1では月額約5万円ですが、いちばん高い要介護5では約36万円と大きく違います。1割負担利用者の場合、最高の要介護5であっても負担額は3万6000円あまりですが、介護事務所には36万円が入ってきます。

介護事務所としては、要介護度の高い人を一ヵ所に多く集めて最高限度額を請求すれば効率的に収益が上がるわけです。施設の事業者、あるいは同一経営母体が施設と介護事務所を一緒に経営するのは、介護保険ビジネスを「効率的に」運営するためです。

なるべく労力を減らして訪問医療報酬を得たい医師や、仕事を効率的にやりたいケアマネジャーなども取り込まれ、「介護保険限度額ビジネスモデル」というものが形成されていることは知っておくべきです。

本来、施設の入居者は自分でケアマネジャーや介護事務所（のサービス）を選べるはずですが、入居契約時にその自由を奪い、指定の介護事務所のサービスを受け、その事業所専属のケアマネと契約し直すことを条件に部屋を貸す、という「囲い込み」が横行しています。

これは登録をしていない「サ高住もどき」でも同じで、極端な例では、要介護度が高く意思表示もできない胃瘻老人ばかりを集め、きちんとした介護もせずに寝たきり蛸部屋状態にしている通称「胃瘻アパート」という地獄絵のようなものもあります。

食事付きアパートに生活保護者ばかり集め、生活保護費支給日に一括して利用料を徴収してしまう「生活保護費ピンハネビジネス」が存在することはよく知られていますが、中にはこれと介護保険限度額ビジネスが合体したような施設もあります。

こうした事例が増えるのは、介護の世界での「適切な受け皿」が決定的に不足しているからです。特養への入所を希望しても入れない「待機老人」や「90日ルール」で退院を迫られた「医療難民高齢者」たちを抱えた家族は、藁にもすがりたい気持ちで受け入れ先を探します。そこにつけ込まれるのです。それでも結果的に「今よりはマシな状況」になるならいいのですが、見えないところで地獄のような生活を押しつけられる危険性もあります。

ダメ医師を押しつけるダメ施設

大手有名企業系列の介護施設でも、経営効率第一で入所者が理不尽な思いをさせられることは少なくありません。

友人（同級生）の歯科医が最近実際に経験した事例としてこんな話をしてくれました。彼がずっと自宅に往診していた患者さんが近所の介護施設（大手系列で一見して設備も立派）に入所したところ、提携先の歯科医以外の訪問診療は認めないと言われたそうです。

難病で寝たきりのその患者さんは、発作を起こすと顎の関節が外れることがよくありました。入所後にも顎が外れてしまい、その施設の提携先の歯科医が来て整復を試みるも、1時間かけても治せない。家族が見るに見かねて、今まで診てもらっていた歯科医（友人）に訪問治療を依頼したいと施設に申し出たが認められず「明日、救急車で大学病院の口腔外科へ連れて行きますから」と言われてしまった、と。

そんなに放置しているわけにはいかないと、家族は友人の診療所へ駆け込み、なんとかしてもらえないかと懇願。友人はその家族と一緒に親族のふりをして施設に行き、こっそり顎を戻してきたというのです。

施設にしてみれば、いちいち入所者がバラバラに指名する訪問医を認めていたら対応が大変になるということでしょうが、入所者のＱＯＬよりも経営効率優先ということでは安心して暮らせません。

ちなみにその歯科医の友人はかつては近くの軽費老人ホームと契約して訪問診療をしてい

ましたが、7年前に急に契約解除になったそうです。「本部の意向で」と言われたそうですが、要するに他の安く契約できる訪問歯科専門医にとってかわられたとのこと。

彼のところに限らず、開業医には「先生も明日からできる訪問診療」といったFAXやダイレクトメールがよく届くそうです。

何十万円もの講習料を取る講習会で「講習を受ければ訪問先を紹介します」と誘い、その講習を受けてもサクラのような患者を1件、2件紹介した後は消えてしまうといったほぼ詐欺といえるものから、役所の福祉・介護担当経験者や定年退職者をヘッドハンティングして事務長として雇い、その人のコネや持ち出した「内部資料」（施設や要介護者、障碍者のリストなど）を駆使して介護施設と次々に提携し、安く契約できる新米や人気のない医師を往診専門医として何十人も抱え込むといった本格的（？）なものまであります。

もちろん、儲けを度外視して地域密着医療を続けている立派な医師もいますし、そうした医師と連携して真面目に介護サービスに取り組んでいる施設もあります。

そうした志のある、本物のプロフェッショナルたちに出会えるかどうかは運も大きいのですが、普段から医療や介護業界の関係者とは仲よくしておき、話を聞き出し、業界の裏事情まで見通せる目を養っておくことが必要でしょう。

介護スタッフの激務は限界を超えている

介護施設のよしあしは、経営者、管理者の気構えとスタッフの質で決まります。

現場のスタッフが頑張っていても、経営者が金儲け一辺倒であれば十分な設備や人員が用意されず、サービスの質は著しく低下します。また、経営者が崇高な使命感を持って施設運営に臨んでも、現場のスタッフに一人でも介護に不向きな人がいれば、重大な事故を引き起こしかねません。

介護施設や寝たきり老人の多い病棟で起きる虐待や殺人などの事件はなくなることがありません。

石川県かほく市の特養では、2011年から13年にかけて職員が複数の入所者に暴行を加えていたことが15年に発覚しています。川崎市の有料老人ホームでは、14年11月から12月にかけて、介護職員が入所者3人をベランダから投げ落として死なせるという衝撃的な事件がありました。この施設では15年にも、別の元職員3人が入所者への暴行などの容疑で書類送検され、施設は介護報酬請求の3ヵ月停止処分を受けました。

横浜市では、病院の終末期医療病棟で2016年7月から9月の3ヵ月足らずの間に48人の入院患者が死亡するという異常事態が起き、そのうち2人は点滴に異物を混入されて殺害されたことが判明しています。岐阜県高山市の老健では17年7〜8月、半月の間に認知症専門棟の入所者5人が次々と、肋骨骨折や脳挫傷という、普通では考えられない原因で死傷するという事件が起きました。

こうした事件が次々に起きる最大の原因は介護スタッフの激務です。

2005年2月、石川県かほく市のグループホーム（前出のかほく市の特養とは別施設）で、28歳の男性介護職員が84歳の女性入所者の身体にヒーターを押しつけてショック死させてしまうという事件がありました。職員は「死んでお詫びしたい」という遺書を残して施設内の風呂場で自殺を図りましたが、未遂に終わっています。

この職員は、自分の祖母の介護に役立つだろうという動機でグループホームでの仕事を始めたといいますから、元より粗暴な性格だったとかではなく、むしろ介護という仕事に対して前向きな若者だったのでしょう。しかし、介護の現場は彼の想像を超える戦場でした。午後5時半から翌日午前8時半までの夜勤では、午後8時以降は1人で12人の入所者をみなければなりません。そんな最中に起きた事件でした。

職員の供述によれば、被害者の女性は夜中に「寒い寒い」と言いながらも何度もヒーターを蹴って自動消火させてしまい、忍耐の限界を超えた職員がヒーターを女性に押しつけたとのことです。

これを知って、私はある特養職員から聞いた話を思い出しました。入所者の認知症女性が一人の若い男性介護スタッフに好意を抱き、自分に意識を向けてほしくて執拗に意地悪を繰り返すというのです。

介護施設には、こうした常識を超えた迷惑行動を繰り返す入所者はいくらでもいます。入所者だけでなく、その家族にも「困った人」はいます。例えば、「朝食のときに食べこぼした染みが残った服を昼になってもそのまま着せているとは何事か」と激怒する人。こうした家族たちにも職員はていねいに対応しなければなりません。

特養などの入所フロアからデイサービスや事務などの部署に異動になったスタッフはみな、夜勤がないことと土日や年末年始に休みが取れることの喜びを口にします。特に夜勤は激務で、夜勤明けで家までたどり着くまでの間に意識が朦朧として倒れそうになるくらい疲労困憊するといいます。

同じ介護施設でも、現場専門職の視点から見た場合と知識の少ない利用者から見た場合とで、評価・評判が大きく異なることが珍しくありません。どちらか一方だけの評価を鵜呑みにすると、施設選びに失敗するかもしれません。

どんなによい施設にも、相性の悪いスタッフの一人くらいはいるでしょうし、毎日激務をこなしているスタッフになんでもかんでも求めるのも間違いです。

東南アジア人スタッフのいる施設はよい施設

最近ではEPA（経済連携協定）というものによって、東南アジアの人たちが介護の現場に入って来るようになりました。父が最初にお世話になった特養にもいました。

海外からの介護士受け入れに対しては、全国老人福祉施設協議会は容認、日本介護福祉士会は反対を表明しています。反対する主たる理由は、日本語能力が足りないことで介護の質が落ちる懸念があるというものですが、実際にはどうなのでしょう。

現場で一緒に働いている日本人スタッフからは、「常に明るく、笑顔を絶やさず、気配りも十分。体力のいる入浴補助作業なども嫌がらない」と、相当な好評価です。

彼らは幼い頃から大家族の中で育ち、年寄りは敬い、親切にすることが当然という気質を最初から持っているのではないか、と分析する人もいました。

しかし、彼らが日本に定住して介護士として働くには日本の介護福祉士国家試験に合格する必要があり、そこまでの道のりは非常に厳しいものです。

受け入れる施設側も、介護職員の一定数が介護福祉士の資格を持っていること、日本語研修の実施や宿泊施設の確保、研修内容の報告義務などの資格条件があります。外国人スタッフを斡旋する国際厚生事業団や母国側の送り出し機関に支払う紹介料も受け入れ施設側が持たなければなりません。

そう考えると、外国人介護スタッフのいる施設は、コストカットどころか、相当な覚悟を持って受け入れているわけで、信頼できる施設の指標になるかもしれません。

こうした内情を知れば、外国人介護士への信頼と期待は増すばかりですが、諸外国に比べて、日本ではこの分野でも「開国」が遅れています。

２０１６年2月、厚労省は外国人介護士が訪問介護の仕事にも就けるようにする方針を決めましたが、老人の中には介護士が外国人だとわかった途端に拒否反応を示す人もいます。これも外国人介護士にとっては壁の一つとして今後もずっと立ちはだかり続けます。

厚労省が出している「経済連携協定（ＥＰＡ）に基づく外国人看護師・介護福祉士候補者の受入れ概要」という文書の冒頭には、「候補者の受入れは、看護・介護分野の労働力不足への対応ではなく、二国間の経済活動の連携の強化の観点から、経済連携協定（ＥＰＡ）に基づき、公的な枠組で特例的に行うものである」と大書されています。「労働力不足への対応ではなく」と「特例的に行うもの」には下線をつけて強調する念の入れようです。

受け入れ反対を表明している日本介護福祉士会などを意識してのことでしょうが、厚労省が最初からこんなに及び腰では「開国」はまだまだ難しいでしょう。

外国人介護スタッフが抱える苦労は、現場での介護仕事以外にもたくさんあります。

特に日本語（漢字仮名混じり表記）で日々の報告書を書くのに大変なエネルギーを取られます。いっそ、施設長など報告を受ける側が英語の報告書を読めるようにすればいいのではとも思いますが、これはもっと無理でしょう。

そもそも、介護現場では紙の書類が多すぎる、と、介護現場の事務方スタッフは言います。

「制度上必要とされている現場での記録を大幅に免除して、日本人でも外国人でも、ハートのある人に存分に働いてもらいたい。いちいち契約や同意や確認の書類を取り交わし、なんでもかんでも紙に記録して残すので、介護の世界は本当に書類の山。現場を記録から解放し、介護の仕事そのものに集中できるようにしてほしい」（千葉県内の介護事業所職員）

政府も「岩盤規制に風穴を開ける」というなら、怪しい獣医学部新設などより、この方面でいくらでもやれることはあるはずです。

日本人も含めて、現場で働いている介護士の負担を減らして介護現場全体の質を上げるためにも、もっともっと介護士たちが働きやすい環境を作っていくべきです。

「地域包括ケアシステム」の欺瞞性

厚労省は２０３８年には病院以外での「在宅死」（介護施設での死亡を含む）を40％に引き上

げるという目標を立てています。

そのために出てきたのが「重度な要介護状態となっても住み慣れた地域で自分らしい暮らしを人生の最後まで続けることができるよう」にする「住まい・医療・介護・予防・生活支援が一体的に提供される地域包括ケアシステムの構築」（厚労省ＷＥＢサイト）という「国策」です。

「地域包括ケアシステムの構築は介護保険制度に関わるサービスの整備といった限定的なものではなく、まさにまちづくりそのものです。そして、まちづくりの主役は市民です」（日本総合研究所『『地域包括ケアシステム』事例集成　～できること探しの素材集～』２０１４年３月）

表向きのスローガンはもっともなのですが、本音はすでに書いたように医療費と病床数の削減ですから、医療・介護の現場や地方自治体からは手放しで歓迎されているわけではありません。「要するに、財源も人も足りないので、ボランティア的社会資源を活用しようという話」と切って捨てる介護現場スタッフもいます。

確かに「包括的に」取り組むといわれても、なんとなく責任の所在が分散されるだけで個々の現場の負担が減らないのであれば、実効性は期待できません。

国としては介護保険でやってきたことの一部（買い物やゴミ出し、掃除などの生活援助など、専門知識の必要度が比較的低いもの）に、シルバー人材センター、ＮＰＯ、学生ボランティアなどを活用することから始めたいという思惑ですが、その分、システムが複雑になり、音頭取りをする自治体も受け入れる現場も全貌を理解しきれず、混乱が避けられない状況がすでに生まれています。結果、対応のための会議やら研修やらが増えて、かえって既存の事業所の負担が増えているという話も聞きます。

「地域包括ケアシステム？　自助・公助・共助……介護の担い手も原資も決定的に不足しているからみんなで助け合おうってこと？　一見美しいけれど、考えようによっては気持ちの悪いシステムですよね。実際には、親は『子に迷惑をかけたくない』、子は『忙しいからそちらでなんとかしてくれ』と丸投げ状態。近隣の人の善意や福祉関係者の尽力は当然のこととして受け取るのに、資産家であっても金は出さない、手も貸さない。他人と公には迷惑かけ放題みたいな人が増えているのに、無理無理無理無理〜」（ある介護施設の職員）

「地域包括ケアシステム」がうまく機能すれば自宅で静かに幸せに死を迎えられる人が増えるはず……という計画は、今のところ絵に描いた餅のような気がしてなりません。

死に場所を見極めるキーワード

結局のところ、「看取り」はどこも引き受けたくないのです。

国は医療費を下げたいので病院で死なせたくない。病院も入院が長引けば儲からないのでじっくり看取るなど無理。特養などの介護施設では、終末医療ができないし、家族との間でトラブルが起きやすいので看取りまではしたくない。

父が最初にお世話になった特養でも「看取りはしていません」とはっきり告げられました。

最後、徐々に食べられなくなり、後はゆっくり枯れるように死ぬだけという状態になったとき、そのまま置いてもらえないのかと確認しましたが、「そうなったら栄養点滴などができないので病院に移っていただきます」という答えでした。

病院に運び込まれたら最後、終末期の人間には負担になるだけの様々な検査や投薬を施され自然死は遠のきます。病院に「検査や輸液はしないでください」と頼むのも無理でしょう。病院はそれで成り立っている「ビジネス」なのですから。

では、どこで死ねばいいのでしょうか。

父の場合、どうしたものかと思っていたところ、皮肉にも、そうなる前に「元気になったから」という理由で特養を出なければならなくなったわけです。

しかし、年金支給額以上のお金はないので、高額な施設に入るのは無理です。地方の小規模なグループホームならなんとかなるのではないかと、日光市内のほぼすべてのグループホームに問い合わせてみましたが、看取りまでしてくれるかどうか訊く以前に、どこもいっぱいで、申し込んでも何年待たされるかわからない状況でした。

たとえ施設の運営者や施設長が「自然死」看取りに理解があっても、それに共感し、実際に最後まで「余計なことはしないでいてくれる」医師がいなければいけません。

自然死を理想とする医師が常勤している施設などがテレビ番組や書籍で紹介されることもありますが、そうした環境の施設は極めて稀ですし、人気が高く、空いていません。

ここまでいろいろ経験してきて、いい施設かどうか、幸せに死ねる場所かどうかを見極めるためのキーワードがわかりました。

入所可能な施設が見つかったら、契約前にこう訊いてみましょう。

「ここで死んでもいいですか?」「ここで死なせてくれますか?」と。

その問いにどれだけしっかりした答え方をしてくれるかで、その施設のポリシーや姿勢が見えてくるはずです。

「日本一小さなホーム」に入る

父の新たな受け入れ先を探しているとき、地域内郵便でチラシが入ってきました。

オール手書きのそのチラシには「通って、泊まれて、終の住処も」とあり、「最後まで穏やかなケアは得意です」というキャッチコピーが目にとまりました。

最後まで？　ということは看取りまでしっかりやりますということだろうかと思い、さっそく訪ねてみました。

そこは田んぼに面した住宅分譲地にある、平屋建ての「普通の家」でした。

居抜きではなく、東日本大震災の直後に施設用として新築したそうなので、最初から「普通の家」というコンセプトで建てたようです。

廊下や風呂場に手すりがついていたりするだけで、どの部屋も見た目は一般住宅そのもの。中央の和室が談話室兼デイサービスルーム。その隣の洋室には4人がけのテーブルがあって、そこが食堂。狭いながら個室が4つあり、そこが入居者用の部屋。つまり入居定員はギリギリ4人。私が訪ねたときはおばあさんが2人入居していました。

運営主体はNPO法人（特定非営利活動法人）で、代表理事は介護保険制度が始まる前から宅老所（自宅などで老人の預かりや世話をする業態）をやっていた、介護に関してはベテランの女性Nさん（私と同い年の60代）。Nさんを含む女性スタッフ6人が交代で常駐し、昼は2〜3人、夜は1人態勢で運営している、自称「日本一小さなグループホーム」でした。

正確には「グループホーム」ではありません。2015年の介護保険法改正後は、利用定員18人以下の「地域密着型通所介護」施設という区分に入ります。

泊まり部分は介護保険適用にならず「自主事業」なので、名乗れる名称は「デイホーム」。

夜間の介護分はすべて自費負担となるため、費用総額は概ね特養よりは高くつきますし、オムツや薬などの用意も利用者（実際には家族）がしなければなりません。

最初に訪ねたときに応対してくれたのは運営代表者Nさんの娘であるSさんでしたが、「うちはほんと見たまんまで、普通の家みたいなところです」と、シャキシャキした表裏のない受け答えで、好印象でした。

少人数なので、きつい決まりなどはなく、食事も「今日は暑いから素麵が食べたいなあ」「じゃあ、そうしようか」といったノリで作るし、ときにはみんなでふらっとドライブに行ったり、身体が動かせる人には「買い物に行くけど一緒に行く？」と誘って連れ出したりもするといいます。さらには、デイホームでありながら、入居者が「◎◎（介護施設）には友達がいるから、火曜日は◎◎のデイサービスに行きたい」とか「△△の施設のお風呂は広くて気持ちがいいから、入浴はあそこがいい」と要望すれば、ちゃんと応えるというのです。

介護施設に他の介護施設から車が来てデイサービスの送り迎えをする図というのも不思議ですし、それでは経営が成り立たないと思うのですが、Sさんは笑いながら「うちは普通のホームとは違って何でもありなんです」と説明してくれました。

看取りについても訊きましたが、しっかりした口調で「もちろんご本人やご家族との話し合い次第ですが、うちでは最後の最後、食べられなくなったら、無理に栄養点滴などせず、水分をそっと補う程度の介護で、自然に……というほうがいいと思っています。そうして何人も看取ってきましたし、優秀なお医者様も訪問診療で手伝ってくださってます」と即答してくれました。唯一空きがあった施設が、看取りに関してしっかりした哲学と責任感を持って運営しているとは、なんという幸運でしょうか。

写真を撮らせてもらい、横浜の特養にいる父に写真を添えた手紙を送り、電話で「こんなところだけれど、どうか」と訊くと、「いいじゃないか！　大賛成だ」と、すぐに乗り気になりました。やはり、特養では自由が制限され、入所者も反応が薄い人たちばかりなので、息苦しさを感じていたようです。

そんなわけで、父は横浜から日光に移り、新たな生活を始めました。

転居に伴うもろもろの手続き、介護保険の引き継ぎ、日光市内でのケアマネ探しなどなどのいくつかの関門も、周囲に助けられてなんとか通過できました。

優良お泊まりデイという贅沢な選択

このように、デイサービス事業者が宿泊サービスも提供するという業態は「お泊まりデイ」と呼ばれていて、近年、数は増えています。

65歳以上の高齢者を介護する人１０５９人を対象にした調査では、６割の人たちが介護保険適用外のサービスを受けている、または受けてみたいと答えており、受けてみたいサービスの第1位がお泊まりデイ（35・5%）でした（日本政策金融公庫総合研究所の調査、2016年）。

しかし、お泊まりデイは介護保険制度では想定されていなかった業態であり、サービスの内容や質、料金、施設規模などには大きなバラツキがあります。中には劣悪な環境のものもあって問題化したため、厚労省は2015年4月にガイドラインを出しました。

夜間も介護職員か看護師または准看護師が1名以上つく。宿泊定員はデイサービス定員の半分以下かつ9人以下。宿泊室は1人1室が基本で、大部屋にする場合も4人まで。1人あたり7・43平方メートル（4畳半）以上のスペースを確保……といった内容です。

こうしたガイドラインや規制ができることはけっこうなことだと思うでしょうが、実はそう単純な話ではありません。例えば2016年4月から施行された改正消防法施行令により、それまで延べ床面積275平方メートル未満の施設は免除されていたスプリンクラー設置が義務づけられました。小規模な施設では大変な負担となります。「数百万円出してスプリンクラーをつけるよりも、その金で介護スタッフを1人増やしたほうがはるかに介護の質が上がるし、非常時の対応力向上にもなるのに理不尽だ」といった声が現場から続出しました。

お泊まりデイ事業者に対する対応は自治体によってかなり違います。幸い、父がお世話になっているデイホームは市からの補助金も得られてすでにスプリンクラーは設置済みでしたが、お泊まりデイに対しては補助金は出さないという自治体も数多くあります。

厚労省ガイドラインには「宿泊サービスの利用が長期間とならないよう、居宅介護支援事業者（ケアマネジャー）等と密接に連携を図ること」という指針もあり、これを受けて、連続30日以上の宿泊利用はさせないという独自ガイドラインを出している自治体もあります。

要するに国としては、デイサービス事業はあくまでも「居宅介護」支援であり、デイホームを生活の場にはさせたくないわけです。結果、優良なサービスを懸命に提供している小規模事業者までもが「法令」によってつぶされてしまう危機に立たされています。

父が入居した「日本一小さなホーム」は、代表者の運営姿勢も、スタッフ全員の顔も性格もわかりますから、施設規模の小ささがむしろ安心に直結します。

市からは「グループホームに移行しませんか」と言われているそうですが、代表者のNさんは「夜の介護は介護者1人に対して入居者3〜4人が限界。私たち自身が精神的に追い込まれてしまったらきちんとしたお世話ができなくなるから、これ以上規模を大きくしたくない」と明言しています。それでも、介護保険報酬は小規模施設ほど下げられていき、少人数のまま質の高いサービスを維持するのは本当に厳しいし、毎日が闘いだ、とも。

こうした小規模施設に対して、自治体の担当者やケアマネジャーらが、どれだけ個々の事情に寄り添い、柔軟に対応してくれるかも大きな鍵です。

父は今まで日光市に税金を一銭も払ってきていない「よそ者」ですが、そうした老人を親身になって受け入れ、親切に対応してくれる市の職員にも本当に感謝しています。日光市ではオムツの購入費補助が月６０００円まで出るのですが、この補助も父の転入と同時に申請してすぐに受け付けてもらえました。

ケアマネさんにしても、お泊まりデイの利用者を担当するのは介護保険法との絡みで微妙な問題もありうるので、あまり引き受けたくないところでしょうが、一旦引き受けてもらってからは、本当に親身に対応してくれています。これも、ホームの運営者とケアマネ事務所との信頼関係が築けていないと、なかなかスムーズには運ばなかったでしょう。

第2章の最後で紹介した「訪問診療をしてくれる医師がいないなら、私たちが育てていかなければいけない」と言った施設運営者というのも、このホームの代表者Nさんです。そのくらいの覚悟で立ち向かっていかなければ、これからの時代、介護のプロとしての責務は果たせないという姿勢はすばらしいと思います。

このホームを知ったことで、介護施設で安心できる家庭的な環境を得ることがどれだけ幸運で贅沢なことか、よくわかりました。

幸せに死ねるかどうかは周囲の人次第

父はこのホームにすぐに馴染み、1週間もすると、まるでヌシのようになっていました。日中は玄関も施錠されていないので、私はいつも「こんちは〜」と入っていくのですが、父の部屋は玄関に近いので、時には父が一人で「はいは〜い」と応えながらひょこひょこ出てきたりします。こんなに緩い「介護施設」はおそらく日本中探しても稀でしょう。

そのホームのそばのスーパーでは、時折、ホームのスタッフに連れ出された父がニコニコしながら買い物カートを押す姿があります。カートが歩行補助器代わりという、実に合理的な歩行訓練。デイサービスの送迎車に同乗させてもらってドライブを楽しむこともあり、「今日はガイドつきでドライブしたよ。日光は広いねえ」などと嬉しそうに言っています。

「ここの食事は味付けが家庭的で絶妙なんだ」と、食事のすばらしさについても何度も口にします。スタッフの話では、実際、毎回残さず、本当においしそうに食べるとのこと。

スタッフのみなさんが、単に決められた仕事をこなすのではなく、入居者、利用者と一緒になって「生活」し、積極的に日常を楽しもうとする姿勢には特に感心させられました。

例えば、父は80代になってからも「トランペットをやりたい」などと言って、実際に楽器店に行ってカタログをもらってきたりしていたのですが、特養に入ってからも楽器への未練を口にするので、やらない（できない）ことを承知の上で、安いウクレレを買ってあげました。

特養の施設長には事前に許可を得ていましたが、スタッフの中には「困ります！」と言う人もいたようで、ウクレレはしまい込まれたままでした。

そのウクレレはそのまま今度のホームに運んできたのですが、それを見たスタッフの一人Sさんが「いいなあ〜。私も一緒にやってみたい！」と乗ってきて、その流れに加わった運営責任者・Nさんの号令で、なんとスタッフ全員がウクレレを買うことに。挙げ句、私はウクレレ教室の先生役を仰せつかってしまいました。

このホームに入って2ヵ月半、スタッフからは「じいちゃん」と呼ばれ、ときにはスタッフが連れてくるお子さんにじゃれつかれながら、父は幸せに卒寿を迎えることができました。

こんな風に書くと、何だ、普通に生活できているじゃないか、と思われるかもしれませんが、そう簡単ではありません。父は尿意がはっきりとせず、尿漏れというよりは全部出してしまうので、オムツは吸収力最大の高価なものを大量に買わねばなりません。スタッフはさぞ大変だと思いますが、「お父さまは、どうも全部出した後で『トイレ』と言うタイプみたいです」と言う顔が笑顔なので、報告される側としてはかなり救われます。

入浴もほぼ全介助。手すりやカートを使ってなんとか歩けるものの、5分以上は無理。認知症も少しずつ進んでいて、会話が成り立たないことが増えました。
スタッフがつけている介護ノートを見せてもらい、日々の暮らしの中の細かいニュアンスまでも知ることができるようになりました。

1：00　自らトイレ。パッド交換。汗をかいたので着替えます。肌着交換。
5：40　トイレ。スタッフ「まだ早いですからゆっくりしてください」父「そうですね。6時ですか」ス「空気を入れ換えるためシャッター上げます」
7：00　トイレ。7：25　声かけして洗面。7：30　朝食。
ス「今朝はパンですが、焼きますか？　そのまま？　ジャムは？」
父「どっちでも……う〜ん……家ではバターをつけてよく食べてました」
ス「じゃ、トーストにしてバターにしましょうか。今朝は」
トースト、おひたし、味噌汁、ポテトサラダ、ウィンナー、目玉焼き、バナナ、ヨーグルト、お茶、薬。その後、歯磨き。
8：15　トイレ
父「ふっくらと長いやつが出たね」ス「ふっくらはいいですね」

新しいホームは入居者とスタッフの子供が遊ぶような自由な環境だった

スタッフの買い物に同行し、近所のスーパーでカートを押す父

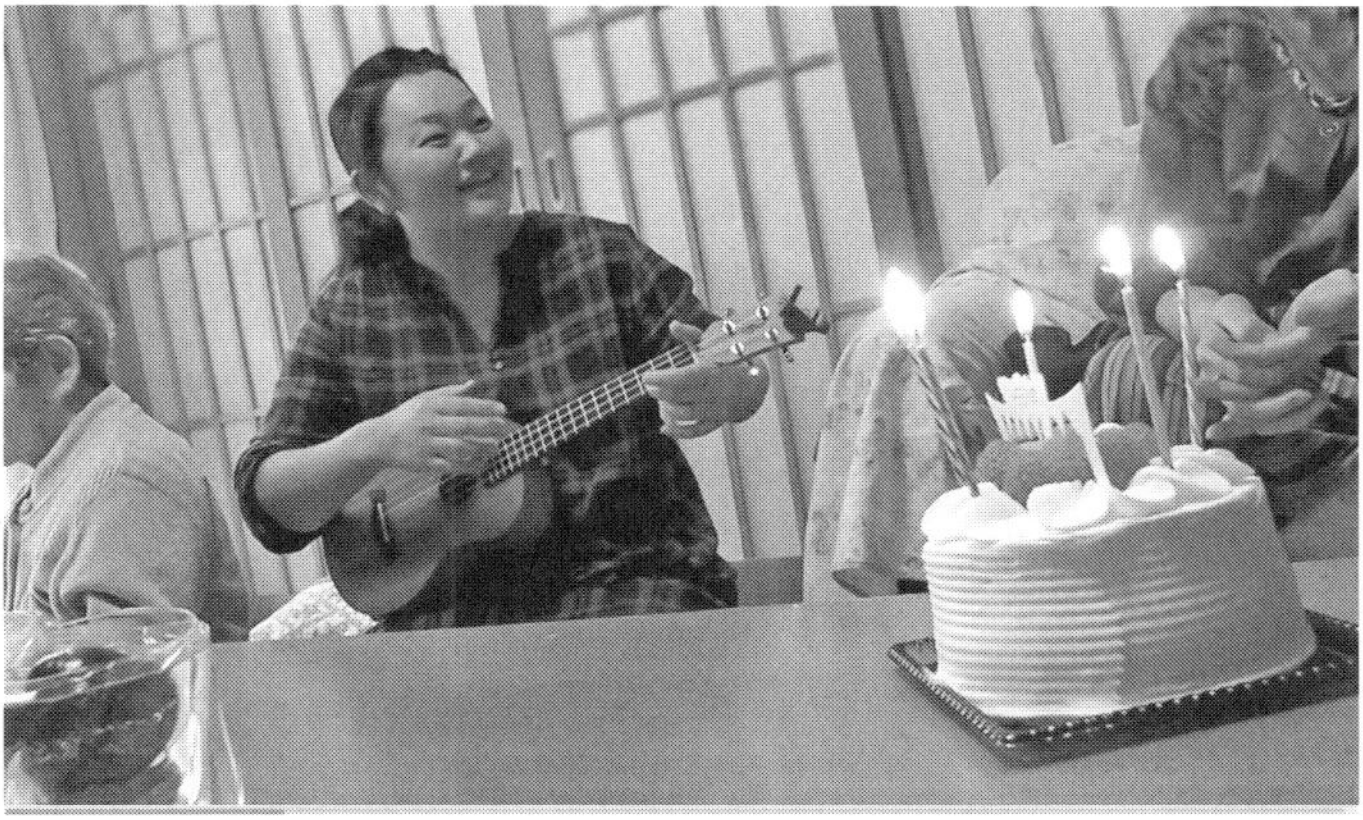

ウクレレを始めたスタッフが父の誕生日に「ハッピーバースデイ」を披露

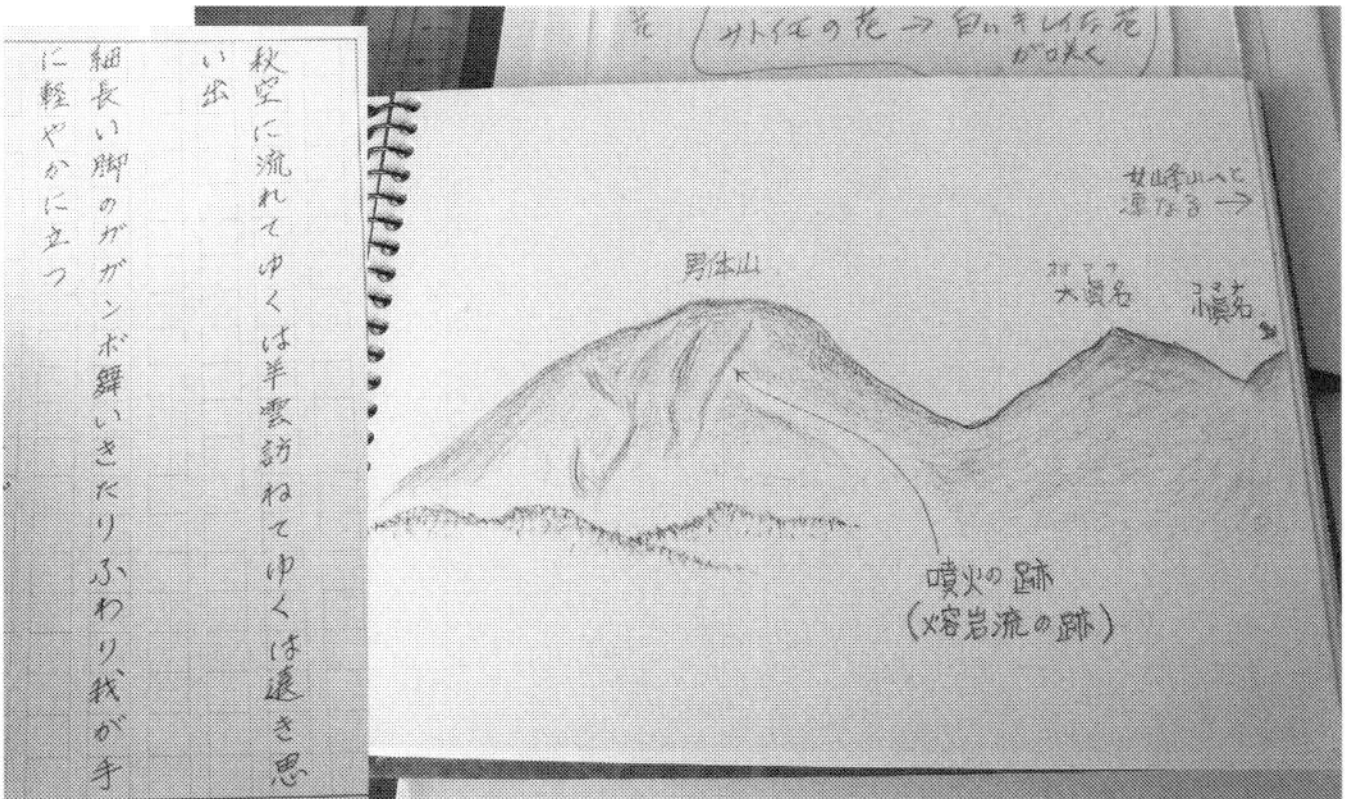

ホームの外に散歩に出たときに父が描いたスケッチと詠んだ短歌

介護が必要となった人が穏やかな終末期を過ごせるかどうかは、介護の現場で出会う「人」で決まります。設備がきれいで近代的だから、大企業が経営しているから安心だと思ったら大間違いです。経営優先でギリギリの賃金でスタッフを集めれば介護の質はおのずと落ちますし、一人でも変なスタッフが紛れ込めば、発覚しにくい虐待なども起きます。

日光に来てからも、父は短歌を横浜の短歌の会にＦＡＸで投稿し続けています。以前は技巧に走りすぎたような作が目立ちましたが、最近の作は、こんな歌を詠んでいます。

秋空に流れてゆくは羊雲訪ねてゆくは遠き思い出

思えば、最初の特養といい、今度の「日本一小さなホーム」といい、父は人との出会いの運にものすごく恵まれています。一般にはなかなかこんな風にはいかないでしょう。

ただ、費用はそれまでの特養よりもかかるようになり、父の年金だけではカバーできなくなったため、私たち夫婦の老後資金への不安をつのらせながらの介護生活です。

しかし、恵まれた環境で幸せそうにしている父を見ると、費用がかかっても、なんとか頑張れるだけは頑張ってみようと思うのです。

第10章　死に方・死に時は選べるのか

死が間近に迫ってきたとき、何もせずに周囲に身を委ねたら、苦しく、望まない死に方をしてしまう可能性が高くなります。しかし日本では積極的安楽死は認められていません。それを理解した上で、死に方・死に時を自分で選ぶことは可能なのか……。最後はタブーの領域に踏み込んで、予想される抗議を恐れずに書いてみます。

「主役」の尊厳を軽視する日本の医療・介護現場

国際長寿センターという研究機関が、日本を含めた8ヵ国（日本、フランス、イギリス、イスラエル、オーストラリア、オランダ、韓国、チェコ）を対象に「理想の看取りと死に関する国際比較調査」「終末期、看取りについての国際制度比較調査」というものを行いました（2011年）。そこに、終末期にある仮想患者に対して、医療や介護の専門職たちがどのような考え方で接し、実際にどのような対応をすることになると考えるかを質問したアンケート調査結果がのっています。

その仮想患者は80歳の男性で自宅で妻と二人暮らし。アルツハイマー型認知症と診断されて10年経過。意識障害はないが、近親者や介護士が呼びかけても目を動かす程度で、一般的意思疎通はほとんどできない。少し前に肺炎を起こし、食物を呑み込むことができないため、現在は点滴による薬剤と栄養剤の投与を行っている。口からの栄養摂取は不可能だが、人工栄養摂取のための措置（経管栄養や胃瘻）をしても余命は長くないと診断されている。同じく80歳の妻は在宅での生活の継続と看取りを希望しており、また少しでも長い時間を一緒に過ごしたいと希望しているものの、妻自身の介護能力は低く、近隣に近親者はいない。

この仮想患者の男性に対して、

①医療や介護の専門職として、実際にどのような対応をするか
（A・人工栄養補給　B・漢方薬治療等の代替医療による積極的な治療　C・嚥下訓練等リハビリテーションの実施　D・現状の点滴による薬剤や栄養剤の投与は続けるが積極的な治療等は行わない　E・特に何もしない　F・その他）
②その方針を選択するにあたっての「もっとも重視する」理由はどれか
（A・完治の可能性　B・生存時間の延びる可能性　C・QOL向上の期待　D・経済的　E・本人の尊厳の保持　F・家族の意向に合致　G・国や施設のガイドライン　H・その他）

……といった質問をしています。回答結果は実に興味深いものでした。

日本では、①については「人工栄養補給」が71・6％で最も多く、「現状維持」（18・8％）と「何もしない」（1・4％）を合計した約20％を大きく上回っていました。他の国々では、イスラエル、韓国、チェコが日本とほぼ同じ回答傾向であったのに対して、フランス、イギリス、オーストラリア、オランダでは、「人工栄養補給」と答えた人は10～40％台にとどまりました。

②については、日本では「生存時間の延びる可能性」が38・8％で最も多く、次に「家族の意向」が31・6％。「本人の尊厳の保持」は16・7％しかありません。

他国の回答を見ると、「本人の尊厳の保持」と答えた割合は、イギリス57・1％、オーストラリア49・0％、フランス35・3％、オランダ31・8％、チェコ31・7％、韓国26・7％、イスラエル20・7％となっており、日本の16・7％がいかに低いかがわかります。

家族の意向を最重視するという回答が30％を超えているのも日本だけです。ちなみにイギリスでは家族の意向を最重視するという答えは0％でした。

これを見てもわかるように、**日本では死にゆく本人が意思表示できなくなった後は、「主役」の尊厳よりも延命措置や家族の意向が尊重されてしまうのです。**

日本では「積極的安楽死」は殺人罪

今の日本では、終末期に一旦病院に運び込まれたら最後、幸せな死に方はまずできないということはよくわかりました。しかし、頭ではそれをわかっていても、パッシブＱＯＬ型（第２章参照）の人は、病院に行くのを拒否するという決断をなかなか下せません。

それでも、病院内で地獄の苦しみが始まれば、苦しんで死ぬよりは楽に死なせてほしいと「自発的に」申し出る人が出てきます。そういう場合に、なるべく苦しまないように死なせてあげましょうというのが「安楽死」です。

安楽死には「積極的安楽死」と「消極的安楽死」があるとされています。

また「尊厳死」という言葉も存在し、時には安楽死と同意に、時には厳密に区別して使われるので、この2つの言葉を使った議論が最初から嚙み合わないこともあります。

積極的安楽死というのは、安楽死を望む人に薬物を投与して確実に楽に死なせる行為——言い換えれば医師による自殺幇助です。

アメリカでは医師による自殺幇助のことが一般に「尊厳死（death with dignity）」と呼ばれていて、尊厳死の権利を認めるべきだという立場での活動も活発です。

「尊厳死の権利」とは、「人間には自分の死を選ぶ権利があり、医師は必要に応じてその手助けをすべきである」ということでしょう。

アメリカのNBCニューズ社の記者だったベティ・ローリン氏は、自らが乳癌で乳房を失った体験を『First, You Cry』（1976年）として出版しましたが、1981年には母親が末期の卵巣癌だと診断され、その後、病床の母親が安楽死を勝ち取るまでの辛く長い道のりを書いた『Last Wish（最後の願い）』（1985年）が大きな反響を呼びました。

彼女は母親を安楽死させた経験を経て、その後は「尊厳死」の考えを広める活動もしています。

イギリスの新聞「ロンドン・サンデー・タイムズ」の記者だったデレック・ハンフリー氏は、1975年、末期癌であった最初の妻ジーンさんを医師の協力を得て安楽死させました。

その後、アメリカ・カリフォルニア州に移住したハンフリー氏は、妻を安楽死させたことを詳細に記した『Jean's Way（ジーンのやり方）』（1978年）という本を出版し、世界的に注目されます。この本が出版されたことで警察も動き、ハンフリー氏は自殺幇助の疑いで取り調べを受けます。ハンフリー氏は協力した医師の名前以外はすべて告白し、罪を認めると申し出ましたが、結果としては不起訴になりました。

ハンフリー氏はその後、自由意志による安楽死運動に参加し、1980年に設立されたアメリカ安楽死協会（ヘムロック協会）の主要創設メンバーのひとりになっています。

こうした運動などもあって、1994年にまずオレゴン州で尊厳死法（Death with Dignity Act）が成立し、医師による自殺幇助が法的に認められました。その後、2009年にはワシントン州とモンタナ州で、13年にバーモント州、14年にニューメキシコ州と続き、15年にはカリフォルニア州でも成立しました。そのとき法案に署名したブラウン州知事はカトリック教徒であり、神学校にも通っていたため、大きな反響を呼びました。

アメリカ以外では、スイス（1942年）、オランダ（2001年）、ベルギー（2002年）、ルクセンブルク（2008年）、カナダ（2016年）などが安楽死を認める法律を制定しています。

しかし、日本ではこうした「積極的安楽死」は一切認められていません。発覚すれば医師が殺人罪に問われかねません。

日本で安楽死、尊厳死と呼ばれるのは、人工呼吸器をつけたり栄養輸液をしないで自然死を促すというレベルの「消極的安楽死」です。

そこで、医師が法的に責任を問われる危険性を少しでも減らし、自分の苦しみも減らすための手段の一つとして、心身がしっかりしているときに「終末期宣言書」のようなものを作成しておくことを推奨する団体もあります。

内容の一例としては、

終末期における要望書

私の病気が不治の状態にあり、確実に死期が迫っていると診断された場合、徒《いたずら》に死期を引き延ばす延命治療は一切お断りします。この延命治療とは、栄養点滴など、現在、医療現場では「することが当然」とみなされている処置も含みます。苦痛を極力取り除く処置のみを希望します。また、病院ではなく、自宅での看取りを強く望みます。

この要望書は私の精神が健全な状態にあるときに書いたものです。私が自力で動けなくなったとき、自ら意志表明ができなくなったときには、家族及び医療担当者はこの要望を尊重してください。結果として死期が早まってもかまいません。

〇年〇月〇日　氏名

こうした内容のものを作って、信頼できる家族に預けておくことを勧めます。

しかしそれでも、「厳密な法的整備がされていない以上、酸素吸入器や経管栄養を外すなどは到底考えられない」という医師が多いので、病院では安楽死や自然死（何も措置をせず死を待つ）はなかなか望めないのが現実なのです。

延命措置は一旦始めるとやめられない

最後は自宅で、栄養点滴などせず、苦痛除去の処置だけを在宅診療医師に任せて自然死を待つ、というのは一つの理想ですが、それにはすでに書いてきたように、家族の覚悟と協力、自宅での自然死看取りに理解を示してくれる医師との連携が必須です。

本人が望まなくても、家族や医師の誰かが救急車を呼べば、そこから先は自分の意志が通じない死に方が待っています。

よく「延命治療は望みません。でも、できる限りのことをしてください」と医師に告げる家族がいますが、病院での「できる限りのこと」とは、ありとあらゆる延命治療を意味します。つまり「できる限りのこと」というのは、絶対に口にしてはいけない言葉なのです。

それでも悩むなら、医師に「先生ご自身がこうなられたら、どういう処置を望みますか」と訊いてみましょう。その問いに真摯に答えないような医師なら、信頼に値しません。

医師への依頼や返事は、間違えると簡単には訂正が利きません。

例えば、自力で呼吸が困難になってきたとき、医師から「人工呼吸器をつけますか」と訊かれたとします。ここで「いいえ、人工呼吸器はお断りします。それによって死期が早まってもかまいません」と拒絶することはできますし、本人が拒否しているのに医師が無理矢理つけることもできません。本人が意思表示できない場合、家族が「この人はそういう延命の仕方は望んでいませんでしたので、それはやめてください」と断ることもできますし、その場合も、つけなかった家族や医師が罪に問われることはありません。

しかし、「苦しそうだからとりあえず」などという気持ちで「お願いします」と依頼し、一旦人工呼吸器を装着されたら最後、家族が思い直して「苦しそうですし、やはり外してください」と頼んでも、はいそうですか、と外してくれる医師はほとんどいないでしょう。

厚労省は2007年に「終末期医療の決定プロセスに関するガイドライン」（2015年に「人生の最終段階における医療の決定プロセスに関するガイドライン」として改訂）というものを出していて、そこには「家族が患者の意思を推定できない場合には、患者にとって何が最善であるかについて家族と十分に話し合い、患者にとっての最善の治療方針をとることを基本とする」という一文があります（2015年の改訂版でも内容は同じ）。この「最善の治療方針をとる」を「治療しないことも選択肢の一つ」と解釈すれば、家族の要請によって一度始めた延命治療をやめることもできるということだ、という人もいますが、このガイドライン全体が抽象的な表現に終始していて、医師に延命措置の中止を決断させる拠り所としては弱いと思います。

一旦始めてしまった延命措置を中断する医師は少ないということは、十分に理解しておく必要があります。「その時になってから考える」では遅いのです。事前に徹底的に話し合い、家族全員が強い意志を持って決断し、明確に意志を伝えなければいけません。

「死に時」は個人の価値観で変わる

終末期に一旦病院に入れられてしまうと、医師や家族の制止を振り切ってまで退院するのは極めて難しいでしょう。

病院は、どうしても退院すると言い張る患者を強制的に入院させておくことはできないのですが、実際には歩けない状態で病院に入れられれば、自力では抜け出せません。

となると、自宅で自然死できる条件が一つでも揃いそうもないなら、まだ頭と身体が動くうちに自分で自分の死に時、死に方を選ぼうという人もいるでしょう。

　これは端的に言えば自殺です。

　人になるべく迷惑をかけずに自殺するには、ある程度の体力がいりますし、頭が惚けきっていないことも必要です。しかし、その状態ではパッシブＱＯＬは十分にあるわけで、一般的には「死ぬなんてとんでもない」という価値観に支配されます。

　ここがとても難しいところで、論じること自体がタブーとされがちですが、はっきりいえば「死に時はその人の価値観で変わる」はずです。

　私自身は、歩けなくなっても食事がおいしく食べられるうちはまだ生きていたいと思うのではないか、と想像しています。

　しかし、食べられなくなっても、全身が動かなくなっても、最後の最後まで生きたいと思う人はいますし、それも当然尊重されるべき個人の価値観であり、権利です。

　怖いのは、死に時の判断基準を外から一律に決めつけられてしまうことです。

　こんな状態になってまで生きる価値などない、さっさと死ねよ、などと決めつけられるのは論外ですが、逆に、あれができなくてもこれはできるからまだ死ぬべきではない、何がなんでも自殺は悪であるというのも、価値観の押しつけではないでしょうか。

　若い人の自殺は、無条件で思いとどまらせたほうがいい場合がほとんどです。しかし、もう十分に生きたと思っている老人の自殺を単純に悪だと決めつけるのは傲慢だと私は思っています。熟慮した上で、このへんが死に時だと判断した人の意志や価値観を否定できるだけの徳を、私は持ち合わせていません。

こんな自殺はしてはいけない

無条件で自殺は悪であるというスタンスを私自身は取りませんが、一つはっきり言えることは、人に無用な迷惑をかける自殺は悪だということです。

日本は世界有数の自殺大国で、自殺死亡率は世界ワースト6位。女性はワースト3位です（厚労省「平成29年版自殺対策白書」）。

アメリカでは自殺の半数以上が銃による自殺ですが、銃が簡単に入手できるアメリカの自殺死亡率は10万人あたり13・4人で、19・5人の日本よりずっと自殺の少ない国なのです。

銃が持てない日本では、自殺の手段は首つりが圧倒的で全体の6割を超えています。

首つり自殺は、ビルからの飛び降りや列車の前への飛び込みなどに比べれば、人への迷惑度合が少ないのは確かですが、首つり死体を発見した人の衝撃度は、地面や床に倒れている死体を発見したときよりはるかに大きく、一生トラウマになるでしょうから、死ぬ人が考えている以上に罪作りな死に方かもしれません。

また、首つりは喉を圧迫すると苦しむので、すぐに気絶するような首つりは特殊なテクニックが必要だといいます。日本の絞首刑のように高いところから落下しながら首を吊ると、その衝撃で首の骨が折れて瞬時に気を失えるそうですが、万一失敗したときは確実に重度の後遺症が生じて悲惨なことになります。

他にも、自殺の方法についていろいろな文献をあたって調べてみました。以下、「問題の多い自殺方法」についてまとめてみます。

・手首を切る……その程度ではまず死ねない。実際、リストカットを何度もしている人が生きている。
・注射器で血管に空気を送り込む……想像以上に難しいし、確実性もない。
・感電……浴槽に入って電気器具を放り込むといった方法が犯罪ドラマなどでもよく登場するが、不確実な上に、本人が死ねたとしても発見者が感電する危険性がある。
・入水……遺体発見までの捜索費用を誰が出すのか。
・銃……むごたらしすぎるし、銃の入手がほぼ不可能。
・排ガス・練炭中毒……途中でエンジンが止まったり、火が消えたり、人に見つかったりする可能性があり、不確実性が高い。また、都市ガス（天然ガス）は無毒なので自殺には使えない。

・青酸カリ……死ぬまでに悶絶の苦しみを伴う可能性が高い。入手も困難。

・洗剤や農薬などの服用……大変苦しむ。死にきれなかったときも、その後が苦しい。

・毒性植物……未知な点が多すぎる。

・処方箋のいらない市販薬の大量服用……致死量が大量で、しかも即効性がないために苦しむ。成功率も低い。例えばアスピリンを大量に飲んでも、数日間胃が焼けるように痛んでのたうち回るだけで死ねない可能性が高い。

・処方箋の必要な睡眠薬など……致死量分を溜め込むのが困難。危険性の高い薬物を簡単に処方してくれる医師はまずいない。

こうして並べただけでも、楽で、確実で、迷惑度合の少ない自殺がいかに難しいか分かります。

医師による自殺幇助が認められている国や地域では、薬物によって「楽に確実に死ねる」権利が与えられているわけですが、それが認められていない日本では、一般人が自力で安楽死に必要な薬物を揃えることはほぼ不可能でしょう。中途半端に薬を飲んで死にきれなかったときの悲惨さを考えると、日本では、薬物による自殺は最初から諦めたほうがいいのかもしれないと思います。

凍死という死に方

いろいろなデータにあたってみて、不思議に思うのは「凍死」という方法を選ぶ人が非常に少ないことです。

実例や情報が少なくて、そもそも思いつかないということがあるかもしれません。また、季節や場所を選ぶのも欠点です。しかし、条件が合えば、自分の苦しみも、人への迷惑も少なく死ねる方法ではあります。

数年前の春、我が家のすぐそばの草藪で小さな遺体が発見されました。遺体は半ばミイラ化していましたが、隣町の介護施設（特養）から抜け出した老人（男性）であることがすぐに判明しました。

老人が入所していた施設から遺体発見の場所まではまっすぐ歩いてきても5キロ以上あります。老人が施設を抜け出したのは1月の雪の夜ですが、小柄な老人の足でよくそこまで歩き続けられたものです。

認知症老人が徘徊して行き倒れた事故であろうということで片付けられたようですが、行き倒れであれば、わざわざ丈のある草藪の中に入り込んだりするでしょうか。

介護施設に閉じ込められたまま死にたくない。今夜は雪が降っている。チャンスだ……と、こっそり施設を抜け出し、死に場所を探しているうちに遠くまで来て、このへんでいいかと草むらの中に身体を横たえた……。つまり、これは凍死による自殺でしょう。

雪の降る夜に長距離を歩いてきた後の凍死ですから、身体は疲れ、横たわった後は苦しむことなく短時間で眠るように死ねたと思います。

未必の故意的な要素が多少あったとしても、彼の死が自殺だとすれば、他人への迷惑はそこそこ少なくて済んでいます。遺体はすぐに運び去られたので、昼間留守にしていた近所の人たちは、この事件そのものをその後もしばらく知らないままでした。

ミイラ化しかけていたとはいえ、運んでしまった後は片付けというものもほとんどありません。事件性はないということで、警察もそれほど手を煩わされません。

……考えれば考えるほど、「こんな死に方も悪くないな」と思えてきます。

以後、私は自分が死ぬ時の一つの理想型として凍死を真剣に考えるようになりました。

冬の夜、確実に零下になる場所で酔っ払って寝れば、朝までには凍死できるでしょう。

問題は中途半端な状態で救出される可能性です。死ぬ前に発見されると、手足に凍傷を負って、その後、ベッドの上で苦しい思いをする危険性もあります。「寒くて辛いからやっぱりやめよう」ともなりそうなので、身体が元気なうちはできない気もします。

凍死するために雪山に入る人がいますが、そもそも雪山に登れるくらい元気ならまだ死ななくてもよさそうな気がしますし、捜索隊でも出されたら家族がその費用を請求されて大迷惑ということになりかねません。

身体は動かすのがやっとで、ＱＯＬが著しく下がっている。あまり移動しなくても確実に凍死できそうな環境がある。身体が冷え切って死ぬまで絶対に発見されない。しかし、凍死した後は比較的短時間で発見される……という条件がすべて揃わないといけません。

私の中では、凍死は望ましい死に方の有力候補ですが、満点の選択肢というわけでもありません。それでも、首つりや薬物よりは選びやすい気がしています。

死ぬ前のチェックリスト

私にとって理想の死に方のトップは、なんといっても普通に寝て、そのまま起きなかった、という死に方です。死ぬ覚悟もいらないというのが最高です。しかしこれは自分の意志で選べませんし、タイミングによっては残された親族などは大混乱に陥り、迷惑な死に方になります。

次は老衰死に近い自宅での自然死。餓死に近いような穏やかな死。苦しみがないのであればこれも理想です。この死に方ができるなら、周囲に看取る人がいる、いないはあまり重要なことではありません。私自身は、むしろ一人だけで死ぬほうが煩わしくないと考えます。私の周囲でも「死ぬときは一人自分の部屋で死にたい」と言う人が少なくないのですが、なぜか全員女性です。

どうしても自分の意志で死ぬことを選ばなければならないような状況になったときは、凍死を筆頭に、いくつかの方法を真剣に考えるかもしれません。

いずれにしても、死んだ後、親族や周囲の人たちにかける迷惑は最小限にしたいものです。

先述のデレック・ハンフリー氏は、著書『Final Exit（ファイナル・エグジット 安楽死の方法）』（1991年）の中で、死ぬ前の「チェックリスト」を提示しています。末期疾患からの自己救出、つまり積極的安楽死を決意した人に向けてのものですが、それを参考にして、もう少し幅広い意味での死も見据えた「最終確認項目リスト」を、私なりに作ってみました。

1　病気の場合、本当に回復の見込みはないのか、担当医師と徹底的に話し合う

2　肉体的な痛みだけなら、担当医に鎮痛剤やモルヒネなどの苦痛緩和療法を依頼する

3　担当医が自然死についてどこまで理解し、協力的かを確かめる

4　最後の時は極力自宅で迎える。入院していたら強引にでも退院する

5　医師や家族の協力が得られず、自分で安楽死を選ばなければならないような場合も、殺人事件と紛らわしいような死に方は選ばない。そう疑われることがないよう、周囲の人には自分の死に対する考え方や予定行動を打ち明けておく

6　完全に死にきるまで絶対に邪魔が入らないような状況を作る

7　安楽死を理解してくれる人がそばにいる場合、完全に死ぬまでは決して身体に触れない、死後も余計なことを言わないよう徹底する。そうしないとその人が罪に問われる可能性がある

8　自分の死を自分で選ぶことを書いた遺書を残す

9　遺産相続や葬儀、埋葬などで親族が揉めたり迷ったりしないよう、希望する具体的な方法を書き残す

10　生命保険などを再確認する。死に方によって保険金が出ない種類のものではないか、など

11　お世話になった人などに、さりげなく感謝と別れの言葉を伝えておく

大切なことは、死んでいく自分のことだけでなく、自分の死後もこの世界に残る人たちのことを思いやることです。そのために、最後まで細心の注意を払いたいものです。

きれいに死んでいった人の記憶は、きれいなまま残るでしょう。
それだけでなく、残された人たちへの貴重なメッセージともなるでしょう。
それこそ、この世界で私たちができる最後の大仕事なのだと思います。

おわりに――愛する技術と死ぬ技術

自分自身にとっての死に時はどんな時なのか、私は常々考えています。

物理的な見極め尺度としては、「歩けなくなった時」「食べられなくなった時」「認知症が進んで人に迷惑をかけていると自覚した時」など、いろいろあるでしょうが、ＱＯＬが人によって違う以上、「死に時」もまた違ってくるのは当然です。

条件さえ整っていれば、歩けなくなっても生き甲斐を持って生きることはいくらでも可能ですが、「意味のあることができなくなった」と感じるようになったとき、私自身は生きていく気力を持続できるかどうか自信がありません。

しかし「意味のあること」とは何でしょうか。何に対しての「意味」でしょう。

自分が生きていることの世界に対して何らかの価値を生み出すという意味であれば、まずは「人間社会」を愛することが大前提になります。

生物的には生きる能力がありながら自殺する人の多くは、この人間社会を愛せなくなったから死を選んだのだと思います。

実際、人間社会には、愛せないこと、理不尽なことが多すぎますが、それでもこの社会を愛するという気持ちを持ち続けないと、生きている意味を見出すのは困難です。

ある深夜、酔っ払ってそんな意味のことをフェイスブックに書いたところ、翌日、３人の人がこんなコメントを寄せてきました。

①「ひとそれぞれの人生があり、『人生の哲学』もそれぞれあるように、生きる意味もまた、ひとそれぞれかと思います」
②「生きる意味？　生きてること自体が意味だと思う」
③「愛せない理由は、すべて人間による愚行の結果・事象なので、それ以外の地球における営み・自然現象は、美しく愛に満ちあふれていると思います。それを自分で意識できるうちは、生きる甲斐があると思っています」

一見三者三様のように見えますが、このすべてに私は強く共感を覚えます。
①は私が常々主張していることです。生き甲斐は人によって違うのですから、価値観を規定され、異なる価値観が権力によって破壊されるような世の中であってほしくありません。
②のコメントはある寺の住職の妻からでした。彼女は何年か前に乳癌手術を経験しています。彼女が言いたかったのは、あらゆる命はそれだけで価値があり、自分の命はもちろん、

「生きているもの」すべてをありのままに愛する心が大切だということでしょう。これはブッダの精神に通じます。人がみなこの心を持っていればどんなにいいか。持っていると思いたいのですが、大人になって、見えなくなる人もいるようです。

③は私が言いたかったことにいちばん近いでしょうか。人間社会を愛せなくなったら自分が生きる意味も見出しにくくなるので、嫌なものに押しつぶされないよう、きれいな風景を見たり、犬と散歩したり猫と戯れたりして日々過ごしています。

ごく短く言い換えれば、

①は自分を正しく愛すること

②は他者を含めた命全体を広く愛すること

③は地球への愛

……「愛」などという言葉を使うと都合よく取り繕っているように思われそうですが、歳を取ってからの愛は、自分の弱さ、欠点、死を逃れられない運命……そういうものの裏返しではないかと感じます。

エーリッヒ・フロムは、著書『The Art of Loving（愛するということ）』（1956年）の中で「愛は感情ではなく技術であり、愛するためには知識と努力が必要だ」と説きましたが、愛する技術（The Art of Loving）と死ぬ技術（The Art of Dying）は表裏一体なのかもしれません。

死という避けられない現実としっかり向き合うことで、いろいろなものをより深く愛することもできるし、幸せに生ききることもできるのではないでしょうか。

願わくば、人生最後の時には、自分の弱さや欠点の裏返しとしての愛を感じながら、この世界に生まれ、命を燃やした一生物としての形をそっと消していきたいものです。

本書は自分という一人の読者に向けて書きましたが、ここまで読んで情報を共有していただいたあなたにとっても、何らかのお役に立てたなら幸いです。

たくき　よしみつ

２０１７年10月

たくき よしみつ

1955年、福島市生まれ。原子力政策の闇をテーマにした『マリアの父親』で第4回小説すばる新人賞(1991年)。作曲、小説、デジタル文化論、狛犬研究など幅広い分野で活動。著書多数。福島県川内村での原発事故被災体験を元に『裸のフクシマ　原発30km圏内で暮らす』(講談社)、『3・11後を生きるきみたちへ　福島からのメッセージ』(岩波ジュニア新書)を上梓。現在は日光市在住。

講談社＋α新書　786-1 B

医者《いしゃ》には絶対書《ぜったいか》けない幸《しあわ》せな死《し》に方《かた》

たくき よしみつ

2018年1月18日第1刷発行
2019年8月30日第2刷発行

発行者――――渡瀬昌彦
発行所――――株式会社 講談社
東京都文京区音羽2-12-21 〒112-8001
電話 編集(03)5395-3522
販売(03)5395-4415
業務(03)5395-3615

デザイン――――鈴木成一デザイン室
カバー印刷――――共同印刷株式会社
印刷――――株式会社新藤慶昌堂
製本――――株式会社国宝社

定価はカバーに表示してあります。

落丁本・乱丁本は購入書店名を明記のうえ、小社業務あてにお送りください。

送料は小社負担にてお取り替えします。

なお、この本の内容についてのお問い合わせは第一事業局企画部「＋α新書」あてにお願いいたします。


ISBN978-4-06-291514-4